株式会社ネオマーケティング
髙倉益実 × 中島孝介

たった1人の「こだわり」から
ヒットは生まれる

インサイト・ドリブン
INSIGHT DRIVEN

SOGO HOREI PUBLISHING CO., LTD

はじめに

たった1人のユーザーの「インサイト」を満たす

本書でお伝えするのは、「インサイト・ドリブン」という、マーケティングおよび商品・サービス開発の手法です。

「インサイト」という言葉を聞いてピンとくる人もいれば、「初めて聞いた」という人もいると思います。「インサイト」とは何か。本書を通して詳しくお話ししていきますが、簡単に表現すると、「本人も気付いていない、隠された意識」です。

まずは実際の例を見たほうがイメージも湧きやすいと思います。次ページをご覧ください。

これは「新しいカップ麺」を開発するプロジェクトの過程で生まれた、コンセプトビジュアルの1例です。われわれネオマーケティングがインサイト・ドリブンを手掛けるようになったのは2019年から。サービスの提供を始めてからまだ日が浅いことに加え、新型コロナウイルスの拡大によってプロジェクトの進行が滞ったこともあり、本書の執筆時点（2020年8月）での販売には漕ぎ着けていませんが、コンセ

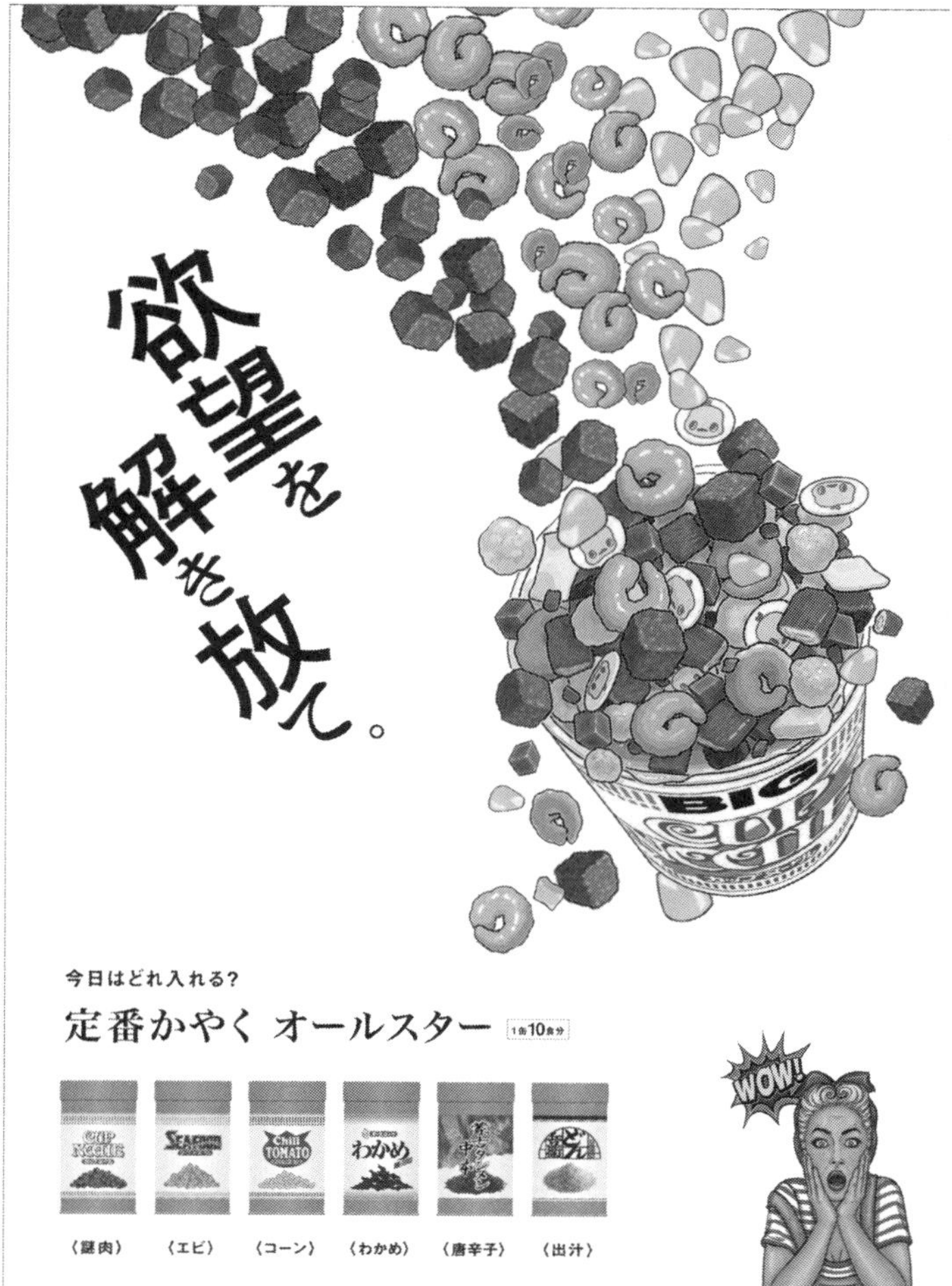
欲望を解き放て。
BIG
今日はどれ入れる?
定番かやく オールスター
わかめ
〈謎肉〉
〈エビ〉
〈コーン〉
〈わかめ〉
〈唐辛子〉
〈出汁〉
WOW!

プトとしてはこのように完成しています。

自分の好きなカップ麺を、もっと楽しむことができる専用のかやくです。エビやコーンなど、10種類のかやくがカップラーメン売り場に並びます。読者のみなさんは、これを見てどのように感じるでしょうか。もちろん実際にどれだけ売れるかはわかりませんが、少なくとも、斬新さを感じるものになっているのではないかと思います。

この商品は、ある1人のユーザーのインサイトを元に開発されました。徹頭徹尾《てつとうてつび》、彼が満足するものを追求した結果です。

商品の開発に際して、われわれのアンケート専用モニターへの調査を行ったところ、カップ麺に対して異常なこだわりを持つ人を見つけました。40代男性のAさん、公務員。比較的可処分所得は高いはずなのに、毎日カップ麺を食べているということでした。さらに、普通はお湯を入れて3分で食べるところを、約8分待ち、麺が軟らかくなってから食べると言います。

Aさんのご自宅に伺い、実際に目の前でカップラーメンを食べるところを見せてもらいました。するとお湯を入れて8分といっても時間は計らずに、「スープが麺に吸われて見えなくなったら食べ頃」なのだと言います。さらにかやくもスープも残して、麺しか食べません。

このように、ある商品に対して、とてもこだわった使い方をする、あるいは異常に使用頻度が高い。そうした極端なユーザーを、われわれは「エクストリームユーザー」と呼んでいます。

本書でお伝えするインサイト・ドリブンとは、このエクストリームユーザーのインサイトを創り出し、それを満たす商品やサービスを具現化していく手法です。

Aさんの場合は、最終的に4つのコンセプトが生まれました。先ほどの「定番かやくオールスター」、ほかに「飲んだらアカン！」「透明カップのカップ麺」「軟らか過ぎる麺・ずんだれ」です。

そのヒントとなったのは「麺が軟らかくなってから食べる」「スープは飲まない」といった比較的わかりやすいAさんのニーズのほかに、「定番好き」「本音と建前がある」、さらに「母親の言い付けを守る」といったインサイトでした。それぞれどんなインサイトやニーズがコンセプトに結び付いたのかは、本文中でご説明します。

インサイト・ドリブンの5つのプロセス

インサイト・ドリブンには次の図の通り、5つのプロセスがあります。本書もその流れに沿った構成になっています。

第1章ではインサイト・ドリブンの意義や有効性を、日本企業の問題点と絡めながらお伝えします。第2章では「定義設定」がなぜ必要なのかという点、第3章ではエクストリームユーザーからどのように「インサイト探索」を行うのか、訪問観察インタビューという手法を通して説明します。第4章では共創ワークショップによる「コンセプト創造」、これが5つのプロセスの中でも中心部と言える過程になります。最後の第5章では「プロトタイプ制作」と「検証」について、さらにこれからの時代にとても重要となる、ユーザーを巻き込んだ「コミュニティづくり」についてもお話しします。

また、各章の後にはコラムを挟みました。テーマは「SDGs（エスディージーズ）」です。インサイト・ドリブンに直接関わることではありませんが、これからの

インサイト・ドリブンのプロセス

プロセス	手段	概要
①定義設定	ワークショップ	関係者が意見を出し合い、プロジェクトの目的やルールを決める
②インサイト探索	訪問観察 インタビュー	エクストリームユーザーの自宅を訪問し、その価値観や生活環境を知ることで多くの気付きを得る
③コンセプト創造	ワークショップ	インサイトおよび課題解決のアイデアを抽出し、コンセプトを共創していく
④プロトタイプ制作	ビジュアル化	どのような商品・サービスなのか具体的にわかるようにビジュアル化する
⑤検証	エクストリームユーザー検証 一般モニター検証 クラウドファンディング	まずはエクストリームユーザーの満足するプロトタイプを完成させ、一般モニターへのアンケートを経て、クラウドファンディングで市場規模を測る

ビジネスを考える上でＳＤＧｓは最重要課題です。ビジネスの在り方を広く捉えたときにインサイト・ドリブンと共通するところもあり、紙幅《しふく》を割《さ》きました。

従来、特に日本企業は「みんなに買ってもらうために」という思考で商品開発をし、成長を続けてきました。しかしニーズも価値観も多様化したいま、同じやり方では当たり障りのないものしか生まれません。「たった1人のこだわり」こそ、新しい価値の種となるのです。

それがなぜなのか、どうすれば個人のインサイトをビジネスとしてマネタイズできるほどの商品に進化させていくことができるのか。興味のある方は、読み進めていただければ幸いです。

ビジネスの常識は、根本から変わっているのです。

本書では「新しいカップ麺」の開発事例において、具体的な企業名や商品名を明記して説明している部分がありますが、株式会社ネオマーケティングが独自に進めるプロジェクトであり、本書の執筆時点（2020年8月）で、それらの企業が実際に商品開発を行っているものではありません。

目次

第2章 「スタート」と「ゴール」を決める
――プロセス①「定義設定」

第3章 「こだわりの種」を見つけ出す
――プロセス②「インサイト探索」

第4章 ユーザーを巻き込んだ商品開発 ——プロセス③「コンセプト創造」

第5章 修正を繰り返して価値を育てる

――プロセス④「プロトタイプ制作」⑤「検証」

コラム

「SDGsがビジネスを変える」

編集協力／小泉明奈、株式会社 POWER NEWS
装丁／別府拓（Q.design）
本文デザイン・ＤＴＰ・図表／横内俊彦
校正／菅波さえ子

第1章

1人のリアルな人間を中心に据える

「人間中心設計」でイノベーションを生む

日本企業はこのままでいいのか

「日本企業はイノベーションを生み出せない」

そう呼ばれるようになって久しく、経済が低迷した平成の時代は「失われた30年」とさえいわれています。

世界の時価総額ランキングを見ても、その事実は顕著《けんちょ》に表れています。バブル期の１９８９年はベスト５を日本企業（ＮＴＴ、日本興業銀行、住友銀行、富士銀行、第一勧業銀行）が占めていましたが、約30年後の２０１８年は、すべてアメリカのＩＴ企業です。

1位から順に、Apple、Amazon、Alphabet（Googleの持ち株会社）、Microsoft、Facebook。読者のみなさんも、毎日のようにこれらの企業の商品やサービスを利用しているのではないでしょうか。

そんな中、新型コロナウイルスの影響で外出自粛が呼び掛けられた2020年。日本国内で大ヒットしたのは、パソコンやスマートフォン（スマホ）でオンラインセミナー、ミーティングができる「Zoom（ズーム）」です。これもアメリカ発のアプリです。

私たちの身近にある商品やサービスが、外国製のものに席巻《せっけん》される状態が続いています。このままでいいのか、という危機感を覚えるのは、われわれだけではないと思います。

ではなぜ、日本企業はイノベーションを起こせないのでしょうか。あるいは前述のIT企業はなぜイノベーションを生み出せるのでしょうか。すでにさまざまなビジネス書で指摘されてきたことですが、これを本書が解決すべき課題だと考え、われわれからも問題提起をしたいと思います。

イノベーションの代名詞iPhone

イノベーションに関して、日本企業とアメリカIT企業の違いを示す例としてよく挙げられるのが、携帯電話です。

1990年代、徐々に普及した携帯電話は、日本で独自の進化を遂げました。「着メロ」「メールの漢字対応」「カラーの液晶画面」「絵文字」「iモード」「カメラ・写メール」「おサイフケータイ」などと、さまざまな機能が搭載されていきました。2006年には「地上デジタル放送（ワンセグ）対応」の機種が発売され、携帯電話でテレビを楽しめるようになりました。

改善を繰り返し、新しい機能がどんどん付加されていく携帯電話に、日本のユーザーは大いに満足していました。この日本独自の進化を遂げた携帯電話は、ガラパゴス島が独自の生態系を進化させていることにたとえて、「ガラパゴス携帯」、略して「ガラケー」と呼ばれています。

このガラケー全盛期に突如現れたのが、iＰｈｏｎｅ（アイフォン）です。２００７年にアメリカで発売され、翌２００８年には日本の通信方式に対応したiＰｈｏｎｅ３Ｇも発売されました。

これが事実上のスマホの誕生だと言えますが、正確には、１９９０年代から〝初代スマホ〟と呼ぶべき「ＰＤＡ（携帯情報端末）」は発売されています。タッチスクリーン式のもの（Ａｐｐｌｅ、ＩＢＭ、パイオニアなど）や、小型キーボードを搭載した機種（ノキア、ＲＩＭなど）が世に登場していました。

そうした中、iＰｈｏｎｅは幼児でも操作できる圧倒的なユーザビリティで「世界初の斬新な商品」と世界中の人々に受け止められました。時を置かず、「スマホと言えばiＰｈｏｎｅ」という代名詞的存在となったのです。

iＰｈｏｎｅが誕生した当時、日本のユーザーはガラケーに夢中でした。Ａｐｐｌｅの調査に対して、**大半の日本ユーザーが「ボタンが１個しかない携帯電話なんていらない」と答えた**、という逸話が残っています。

それがいまやiＰｈｏｎｅの日本におけるシェアは69・3パーセント（２０１９年）。

これは世界的に見ても非常に高く、世界全体で見れば、Ａｎｄｒｏｉｄのシェア率のほうが圧倒的に高くなっています（75・5パーセント・２０１９年）。その中でも日本人はかつて自分たちが否定したｉＰｈｏｎｅを愛用し続けているのです。

日本に浸透《しんとう》しなかった「デザイン思考」

ｉＰｈｏｎｅは、Ａｐｐｌｅの創業者スティーブ・ジョブズによって開発されました。彼が**「自分自身が心から欲しいと思う携帯電話を追い求める」**という手法でイノベーションを起こしたことは有名な話です。同様に、ジェームズ・ダイソンのこだわりから、革命的な掃除機が生まれたことなども知られています。

その根本にある考え方は、**「デザイン思考」**と呼ばれます。これは新しい価値創造に効果的なマインドセットとプロセスを体系的にまとめたもので、１人の人間を中心に据え、その人に向けた商品やサービスを作り上げていくという、**「人間中心設計」**を大きな特徴としています。

そこから生み出されるのは、**消費者自身でさえ気付いていないニーズ（インサイ**

デザイン思考とは？

４つのマインドセット

①１人の人間の問題として考える（人間中心設計）

●ユーザーに共感してユーザーを中心に考える

②多様性を生かす

●多様であることが思考の幅を広げ、発想を豊かにする

③自分に自信を持つ

●自己の否定が、革新の種となる創造性を失わせる

④失敗しても学ぶ姿勢（実験的）

●新しい商品・サービスの開発ほど計画通りには進まない

※著者作成

プロセス

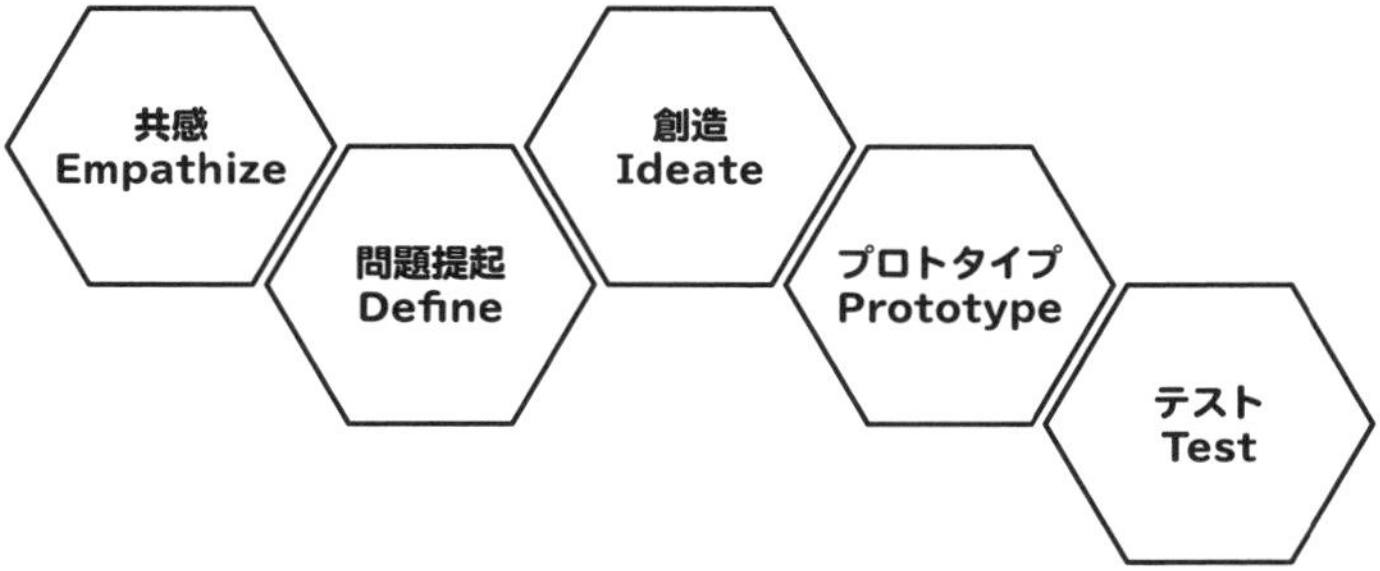

※スタンフォード大学d.schoolの提唱モデル

ト）を満たす商品やサービスです。彼らは自分自身の理想を追及していくことで、自らのインサイトを具現化しました。そうしてそれを見た一般消費者の中に、共感する人が現れます。「これこそが、自分の求めていたものだ」。そうした輪が大きくなっていくことで、世界中の大ヒット商品になったのです。

われわれネオマーケティングは、創業20年を迎える、生活者起点のリサーチ＆マーケティング支援会社です。コアビジネスであるマーケティングリサーチサービスでは約１８００万人（提携含む）のアンケート専用モニターを活用して、企業の仮説検証や課題解決などのマーケティング支援を行ってきました。

日本企業の課題をみつめる中で、いまや世界中のイノベーションの土台ともなっているデザイン思考の必要性を、とても強く感じるようになりました。しかし日本企業において、海外由来のデザイン思考という考え方は、当初こそ話題になりましたが、定着することはありませんでした。

そこで**デザイン思考を日本人でも取り入れやすいようアレンジし、われわれ独自のノウハウを加えて編み直した開発ノウハウ**が、本書のテーマである「インサイト・ドリブン」です。

その内容や具体的ノウハウはこの後詳しく説明していきます。しかし、その**ノウハウを単に取り入れるだけではうまくいきません**。日本企業には、イノベーションを阻む要因というべき課題が大きく横たわっています。デザイン思考が日本企業に浸透しなかったことにも、これらの要因が潜んでいたのではないかと思います。まずはそれを紐《ひも》解くことで、問題の本質を明らかにしたいと思います。

なぜ日本企業はイノベーションを生み出せないのか

価値観の多様化とマス思考のジレンマ

イノベーションを生み出すという点において、**日本企業の最大の問題点は、「マス思考」に囚われていること**です。大量の消費者に向けた大量生産。多くの、特に過去に大きな実績を上げている企業ほど、高度経済成長期・人口拡大時代の成功体験から抜け出せていません。

高度経済成長期は、戦後から続くモノ不足の名残りもあり、商品を作れば作るだけ売れる時代でした。よくいわれることですが、みんなが「三種の神器（白黒テレビ・洗濯機・冷蔵庫）」を欲しがり、その後、「3C（カラーテレビ・クーラー・車

〈カー〉〉」を欲しがっていたのです。

こうした時代の商品には、それほど差別化や斬新さは必要とされませんでした。ある程度の品質であれば、確実に売れていたわけです。しかし**いまの消費者は、生活に必要なモノはたいてい持っています**。誰もが人並みの生活を送ることができ、機能的に大きな不便を感じることもありません。

大きな〝困り事〟のない生活にプラスアルファで何が欲しいのか。読者のみなさんの中にも、「お金を出してでも絶対に欲しいモノは？」と聞かれて、はっきりと答えられない人がいるのではないでしょうか。逆に「これが欲しい！」というものがある場合、その多くは趣味の品や嗜好品《しこう》ではないかと思います。「欲しいモノ」は人それぞれに違うのです。

モノに対するニーズだけではなく、価値観も多様化しています。インターネットの普及により情報が溢れ、さらに近年はＳＮＳによって個人がどんどん趣味嗜好を発信するようになったことで、万人共通のルールや常識という概念は薄くなってきました。かつては「オタク」と呼ばれていたような人々も、いまは「あんなに好きなものがあってうらやましい」と言われるようになっています。

こうして「みんなが欲しいモノ」「みんながいいと思うこと」の時代から、「私が欲しいモノ」「私がいいと思うこと」の時代になったいま、**「みんなに買ってもらえるモノ」を作り出すのは至難の業**なのです。

「駄目だったらやり直す」ができない

多くの日本企業の問題点として、次に**フットワークが重い**ことが挙げられます。

デザイン思考やインサイト・ドリブンによる商品・サービス開発では、**「駄目だったら戻ってやり直す」という姿勢がとても重要**になってきます。なぜなら、誰も答えを知らないからです。「あなたの欲しいモノは何ですか?」と聞かれてもわからない。だからみんなで創り出す必要がある。その過程は試行錯誤の連続です。

多くの日本企業にとって、「やり直す」は禁句です。われわれがある食品メーカーの商品開発に協力させていただいたときにも、「ここで検証した結果が駄目だったら、一度戻ってやり直しましょう」とお伝えしたところ、「その発想はなかった」と驚かれました。そして「でも戻れない。なぜなら発売日が決まっているから」と続けられてしまいました。

この姿勢には、これまでの商習慣が絡んでいます。メーカーにとって、小売店で商品を置いてもらうスペース、いわゆる〝棚〟を確保することは最重要課題です。しかし、卸や小売りのバイヤーに「新商品が出せなくなりました」と打ち明けた途端に、競合メーカーに棚を奪われてしまいます。一度奪われた棚を取り返すのは容易ではありません。次シーズンからの参入も難しくなります。

そのため、メーカーにはとにかく新商品を発売しなければならない、という命題があります。ジャンルや商品別に新商品の発売時期もある程度決められており、開発期間を延ばすこともできません。

また、**日本企業特有の縦割り組織が失敗を許しません**。従来にない方法で新商品を開発し、成功すればいいですが、売れなければ全責任が開発担当者の背中に覆いかぶさります。そのため無難な商品しか開発することができません。

さらに検証と修正の高速回転ができない理由としてもう1つ、現場が人手不足で、時間的余裕がないことが挙げられます。

「イノベーション事業部」や「新商品開発部」といった部署がある企業はまだ少数派で、その他の企業では新商品開発は通常業務と掛け持ちの仕事になっています。実際われわれも「普段の仕事をこなしながら新しいものを考えるには、どうしたらいいか」というご相談をよくいただきます。

既存の業務のほうの優先順位が高かったり、目の前の業務に忙殺《ぼうさつ》されたりすると、新商品開発は片手間になってしまいます。当然うまく進まず、結果的に立ち消えになります。そうして「やっぱり新しいことをするより既存の商品をしっかり売っていくことのほうが大事だ」という意識が浸透してしまうのです。

本書は、従来の日本的な商品開発やマーケティングを否定するものではありません。生活必需品などマス向けに作るからこそ大きな利益を生み出す商品もあります。広告費を大きくかけ、広く世の中にＰＲすることができるのであれば、汎用《はんよう》性の高い商品であるほうが有利です。あるいは業界のサイクルに合わせて画期的な新商品を開発し、群雄割拠《ぐんゆうかっきょ》の中で棚を取り続けることができれば、それ以上に有利な戦略はないでしょう。

しかし、それができない企業はどうすればいいのか。まず「たった1人」に確実に刺さるものを作る、「たった1人」に向けて確実に売っていく。限られてはいながらも強く確実なニーズを捉え、そこから賛同者を増やしていく。そのために、**やり直しを厭《いと》わずフットワーク軽く商品開発を繰り返す。それが成功への近道となっているの**です。

インサイト・ドリブンとは

人間に寄り添った商品作り

改めて、イノベーションの源になるデザイン思考について考えます。

デザイン思考とは何かをひと言で表すと、文字通り、「デザイナーの考え方」です。デザイナーというと、ファッションデザイナーやグラフィックデザイナーを想像する人が多いと思います。「デザイン＝装飾・造形」というイメージです。

しかし**デザインという言葉は「設計＝創り出す」と訳すこともできます**。明確ではない課題を発見し、順序立ったプロセスに沿って創造的に解決すること。デザイン思考で考える「デザイン」とは、こちらの意味に近くなります。同様に、**デザイナーと**

はマーケッターや商品開発担当者を含め、商品やサービスの設計に携わる人全般を指します。

優秀なデザイナーは「リアルな1人の人間（自分も含む）」を対象に、その人の心地よく感じるデザイン、興味を惹くデザインを考えています。不特定多数の人に受け入れられるためではなく、**あくまで1人の人間を中心に据えて、その人に向けた商品やサービスを作っていきます。**

これがデザイン思考の提唱する**「人間中心設計」**です。インサイト・ドリブンでも、この部分は同様に考えます。

従来のマーケティングでは、一般的に「ターゲティング」が重視されてきました。市場を細分化（マーケットセグメンテーション）し、ターゲットを絞った上で商品開発や販売などのマーケティングを展開する考え方です。

しかし、社会の多様化が進む中で、これまで企業が行ってきた、商品の価値をパッケージなどでターゲットに訴求するやり方だけでは、商品の差別化ができなくなってきました。よりターゲット一人ひとりの「人間性」に寄り添って商品を作らなければ、新しい価値は生み出せなくなっています。

こうした時代の変化を受けて、デザイン思考およびそれが内包する人間中心設計が脚光を浴びました。「どこかにいる多数の誰か」という「マス」から、「目の前にいる少数の誰か」という「ニッチ」に着眼する。最初から最後まで「この1人」を中心に据えるという手法が注目されたのです。

「リアルな1人の人間」を考える

先ほど、デザイナーは「リアルな1人の人間」のことを考えてデザインをしているとお話ししましたが、その「1人の人間」はどこの誰か。もし、近くに適切な人物がいれば、その人を観察することができます。商品開発であれば、想定する商品のユーザー。それもただ使っているというのではなく、強いこだわりを持った使い方をするなど、デザイナーにインスピレーションを与える人、デザイナー自身が「この人を観察したい」と思えるような人です。しかし、そう都合よく見つかるとは限りません。

あるいはスティーブ・ジョブズやジェームズ・ダイソンのように、自分自身に向けて商品開発をする人もいます。ただし、これも希《まれ》なケースです。自分だけで自分の主観を徹底的に分析し、それに嘘をつかず、商品開発のたくさんの壁を乗り越えていく。誰にでもできることではありません。

そこで多くのデザイナーは、実在の人物というわけではなく、**過去の膨大な経験から架空の人間を創造します**。

デザイナーは、周囲の人の言動を注意深く観察したり、商品の売り場を観察したり、日常的に「リアルな人をインプットする」という作業を行っています。そうして培《つちか》った、いわば「知の集合体」によって、「リアルな1人の人間」を描きます。

そしてその人に合ったデザイン、その人の使いやすいデザイン、あるいは「この人が売り場に来るとしたら、どんな商品があったらいいか?」ということを追求していきます。

実在はしないけれどもリアルな人物像を創造し、その人向けにデザインし、修正する。「この人はなぜこういう行動を取るのかな?」「なぜ?　なぜ?」と、架空の人物に対して問いを重ね、考えを深めていく。

その思考を真似し、過程を模倣できればいいわけですが、慣れていない人には容易なことではありません。商品開発担当者やマーケッターが同じようにしようと思っても難しい。彼らの多くは、普段、データや売り上げなど、「数字で表せる要素」から物事を考えています。デザイナーとは頭の使い方がまるで違うわけです。

そこで生まれたのが、デザイン思考です。**デザイナーが描く人物像の代わりに、実在する人を観察、分析することで補完していく。**商品開発に携わる人たちすべてに、いまこの思考が必要とされているのです。

「ペルソナ・マーケティング」との違い

従来のマーケティングから一歩踏み込んだ手法としては「ペルソナ・マーケティング」も知られています。架空のユーザーを描き、マーケティングを展開するやり方です。

例えば次のように、具体的にユーザーを設定します。

あゆみさん、27歳女性、丸の内で働く事務職ＯＬ、都内の私立大学の文系学部卒。通勤片道1時間の千葉県内の戸建てに、両親と弟と住む。年収４００万円。家には月３万円の生活費しか入れておらず、可処分所得は高いが、年1回大学時代の友人グループで海外旅行をしたり、毎日コンビニに寄って何かと買ってしまったりすることから貯金はほとんどない。趣味はインスタで次の海外旅行先を探すこと。貯金ができたら英会話教室にも通いたいが、そろそろ婚活もしなければいけないかなと内心焦っている……。

一見、デザイン思考やインサイト・ドリブンに近いアプローチではありますが、両者は似て非なるものです。

その違いは、**ユーザーが〝実在〟か〝仮想〟か**です。ペルソナはどこまで細かく設定しても、あくまで仮想の人物です。「こんな人は、どんな商品を気に入ってくれるだろう」と考えることで正解率を上げることはできても、正解かどうかはわかりません。

その点、インサイト・ドリブンでは実在の人物に向けて商品を作るため、世の中に広まるかどうかは別として、少なくとも1人は確実に満足するものになります。デザイナーが描く人物像も、あくまで実在する人たちの観察によって生み出されたものです。ここに大きな違いがあります。

私たちが頭の中で想像できることは限られています。その中でいくら仮説を立てても、差別化には直結しません。

さらに危険なのは、仮想であるからこそ、その形を変えられるということです。ペルソナ・マーケティングのよくある失敗例として、最初はペルソナの「あゆみさん」向けに商品開発をスタートしていても、仮想であるがゆえにペルソナを見失ってしまいがちです。

実際に商品開発のプロジェクトを進めていくと、予算やスケジュール、あるいは社内決済など、さまざまなところで当初の考え通りに進めることができなくなります。そこで「これくらいの品質でも買ってくれるのではないか」と、自分たちの都合のいいようにペルソナを書き換えてしまう。そして「この商品を気に入る人が、世の中にたくさんいるはずだ」と、ターゲットのぼんやりとした商品を発売してしまう。**無意識のうちに、消費者不在の商品開発を進めてしまう**のです。

ユーザー本人も知らないニーズ

潜在的ニーズとインサイトの違い

デザイナーのような思考で、リアルな1人のニーズを引き出す。これがデザイン思考の大きな狙いですが、**表面上のニーズを捉えるだけでは、商品開発には不十分**です。

繰り返しになりますが、生活に必要なたいていのものは、みんなすでに持っています。「エアコンが欲しいでしょ?」と聞いてもほとんどの人の家にエアコンがありますし、持っていなかったり故障していたりしても、すでにたくさんの種類が発売されていて、機能性や値段などで凌《しの》ぎを削っています。そこへ新規参入して勝負しようというのは、明らかに難しいことです。

つまり、消費者に商品を買ってもらうためには、**まだ世の中にないけれど、それを見たとき「ああ、これこそが私の欲しいものだ」と思ってもらえなければいけない**わけです。

そのヒントとなるのが「インサイト」です。

インサイトという概念は、われわれのノウハウに限らず、徐々にマーケティングに用いられるようになっています。いくつかの定義があり、「潜在的なニーズ」といった表現と同様に扱われている場合もあります。表面上には見えない、隠されたニーズです。

近年では、「潜在的なニーズを見つけ出さなければヒット商品は開発できない」といわれるようになりました。それが間違いだというわけではないのですが、われわれが考える**インサイトは、潜在的ニーズよりももっと奥にあるもの**です。

インサイトは創り出すもの

インサイトとニーズの違いを簡単に表せば、本人が答えを持っているか、持っていないかです。

例えば味噌ラーメンにバターを乗せて食べるのが好きだとします。それを自覚しているのであれば顕在的なニーズです。普段から味噌ラーメンに何か物足りないと感じていて、人から薦められることで「美味しそう！」と感じるのであれば、潜在的なニーズです。

インサイトとは、ニーズにまでなり切っていないもの、ニーズのもとになるパーツのようなイメージです。

例えば、普段ラーメンを食べない人がいたとします。食べたいけれど我慢しているという感覚もありません。それが「味噌＋バター」となったときに、琴線《きんせん》に触れることがあります。

これはなぜなのか。すぐにはわかりませんが、細かく探っていくと、「子どもの頃自宅に何種類も味噌が置いてあった」「パンにバターを塗って食べたいのにマーガリンで我慢していた」というような、本人も意識していない理由が隠されています。これがインサイトです。

本書では、こうしたニーズを構成する要素、**無意識の欲求や不平不満、趣味嗜好、**

性格なども含めてインサイトと捉えます。さらにその心理を作り出した幼少期の体験や親の教えなど、深層意識と呼ばれるような領域にまで踏み込んで、インサイトを探し出します。そこまで掘り下げて初めて、確固たるニーズのヒントを見つけ出すことができるのです。

そうしてユーザーが持っている無数のインサイトからお互いに関連しそうなインサイトを引っ張り出し、それらを素材として繋ぎ合わせます。またインサイトだけでなく、顕在しているさまざまなファクト情報を組み合わせて創り出します。

あるいは、こうしたインサイトがすでに組み合わさっていて、強いニーズとして表れている場合もあります。普通は味噌ラーメンにバター1つのところを5つ乗せる。あるいは、絶対に北海道産のバターでなければいけない。こうしたこだわりも紐解いていけば「ニーズの種」とも呼べるようなインサイトがあるはずです。本人はそれが当たり前で特に不思議には思っていないけれど、そこを捉え直すことで新しい発想が生まれる場合もあります。

いずれにしても、インサイトは本人も知らないものです。それを探り出し、組み合

インサイトとニーズのイメージ

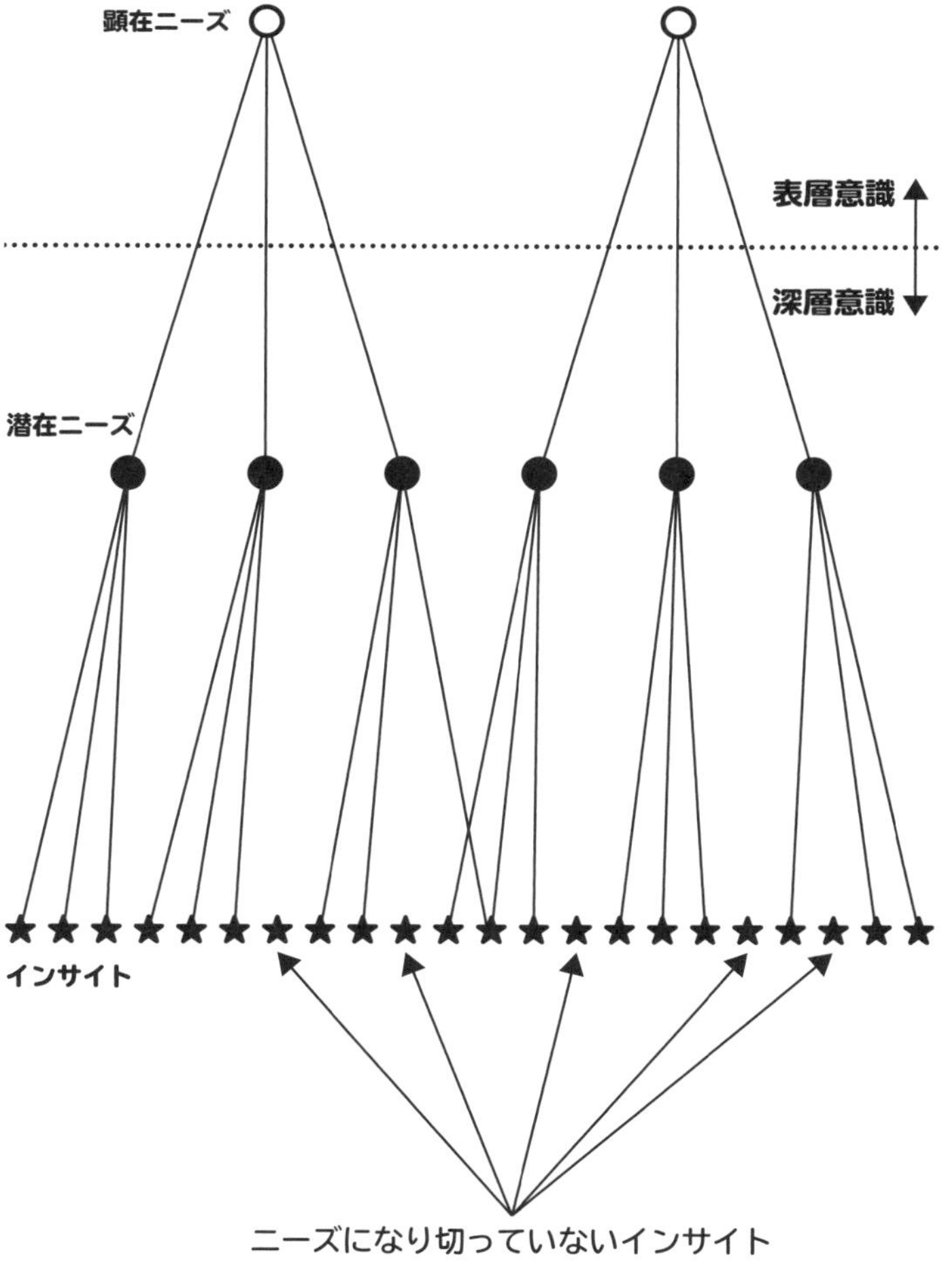

わせて答えを導き出す。その意味でわれわれは、インサイトは「見つけるもの」ではなく、「創り出すもの」だと考えています。

その過程の**コアとなるのが、「エクストリームユーザーの観察」と「共創ワークショップ」**です。具体的には次章以降でお話ししていきます。

インサイト・ドリブンの２つのコア

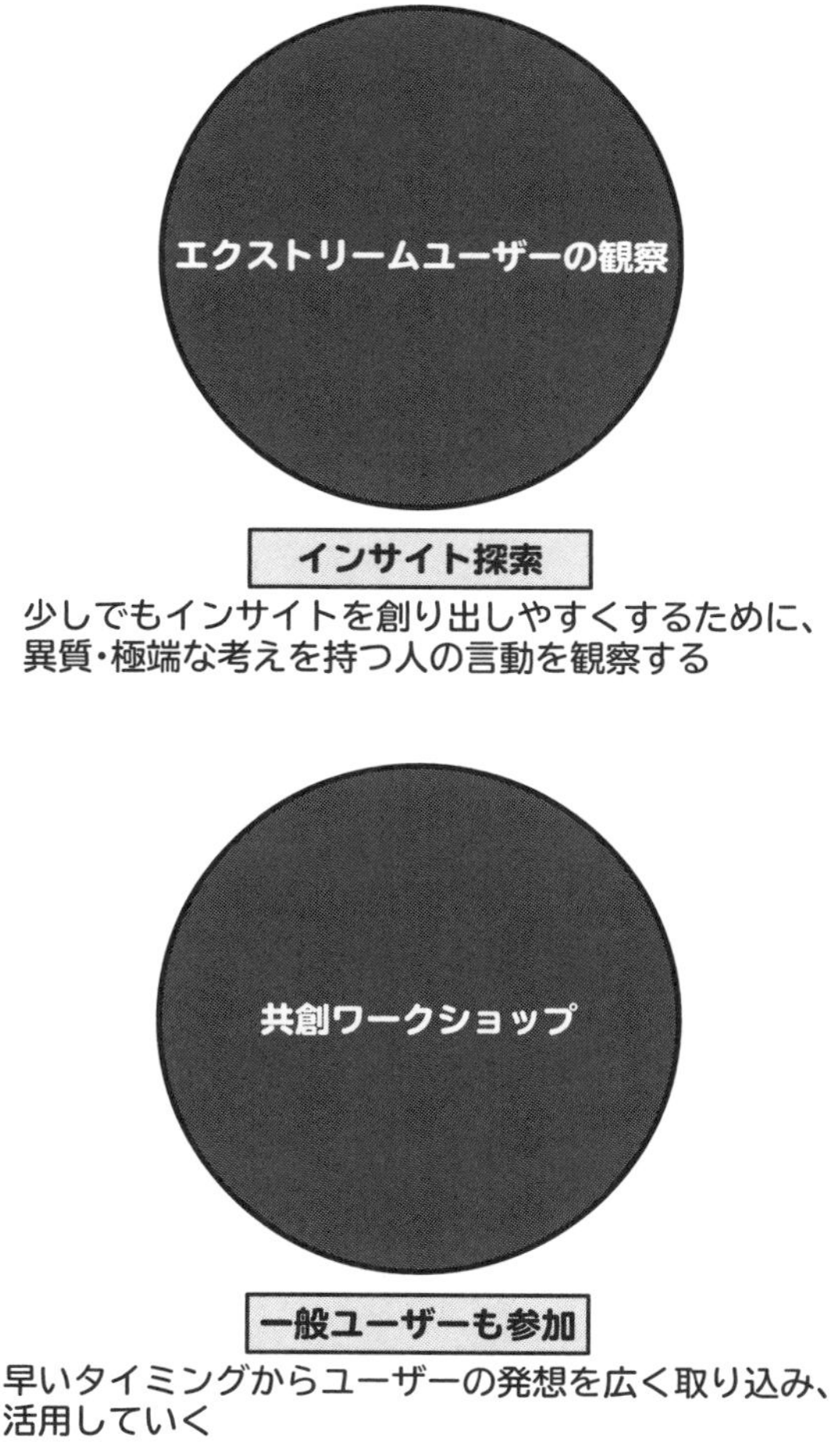
エクストリームユーザーの観察
インサイト探索
少しでもインサイトを創り出しやすくするために、
異質・極端な考えを持つ人の言動を観察する
共創ワークショップ
一般ユーザーも参加
早いタイミングからユーザーの発想を広く取り込み、
活用していく

「突飛な消費者」からヒントを引き出す

データではなくユーザーを観察する

インサイトを知るためにはどうすればいいいか。唯一の方法が、ユーザーの観察です。

一般的に企業が新商品を開発する際、担当者は自社の過去データや競合のデータを調べ、分析して、自分で新しいコンセプトを考えます。そこにユーザーの観察という過程が入ることはほとんどありません。

われわれがご相談を受けるクライアントにこう指摘すると、「自分たちはちゃんとユーザーを観察している」と言われることもあります。しかし詳しく聞いてみると、「発売後の商品がユーザーにどう使われているか」を文字情報で知ることなどに留まっている場合が多い。商品の発売後に観察をしても、新商品開発には生かせませんし、アンケート結果などを文字情報で見るだけでは不十分です。**開発前にこそ、ユーザーの観察が必要**なのです。

従来の企業には、ユーザーの観察に対して時間とコストをかける文化がありませんでした。高度経済成長期に企業の描くユーザーは一律で、そこに向けて売るからこそ大きく成長できたわけです。ユーザーの観察をしないのは、ある意味で正解でもありました。

これは日本企業だけの問題ではありません。マーケティングの歴史においても、世界的に観察や訪問調査はあまり重視されてきませんでした。「リアルなユーザーを見なければわからない」という声がマーケティング業界内で高まってきたのは、ここ10年ほどのことです。

例えば、世界最大の一般消費財メーカーである「プロクター・アンド・ギャンブル（P&G）」です。

P&G社の企業理念は"The Consumer is Boss!（消費者が上司だ！）"です。元CEOのA・G・ラフリー氏は、年間に少なくとも20日間はユーザーのキッチンやお風呂場を観察していたそうです。

同社の代表的な商品に「ファブリーズ」という消臭剤があります。この商品の当初の広告は、ジャケットに付いたタバコの匂いや、ソファーに付いたペットの匂い、つまり「嫌な匂いを消せる」という単純明快なものでした。

しかし、売り上げは一向に上がりません。何が間違っているのかを理解するために、マーケティングチームは徹底的にユーザーインタビューを実施しました。

ある女性の家を尋ねると、たくさんの猫がいて強烈な匂いがしました。しかし本人は「猫の臭いはまったく感じない」と言います。ほかの観察でも同様のケースが相次ぎ、マーケティングチームは、ユーザーは嫌な匂いでも慣れてしまって、当たり前になるのだと気付きました。

ではユーザーたちはどんなときにファブリーズを使っているのか。さらに調査を重ねます。

あるユーザーはファブリーズ1本を約2週間で使い切ってしまうほどの愛用者でし

た。しかし自宅にはペットも喫煙者もいません。どのように使っているのかを聞くと、特定の匂いを消すためではなく、掃除が終わってからスプレーしていると言います。「それが気持ちいいの。スプレーするのは掃除を終えたことに対する一種のご褒美やお祝いといった感じかな」。

そこで彼らは、ユーザーに伝えるべきは「匂いを消すことができる」という〝効果〟ではなく、ファブリーズの〝使い方〟だと気付きました。「普段の掃除が終わった後の小さなご褒美」と打ち出すPR戦略に変更したのです。

それから、窓を開けてフレッシュな風が吹き込む様子をイメージしたプリント広告や、日常の掃除習慣を強調するCMを制作しました。「清潔になった部屋でファブリーズをシュッとスプレー。素敵な香りがご褒美」といった内容です。

この変更を契機に、売り上げはV字回復を果たしました。いまでは世界でも有数のブランドに育っていることは、みなさんご存じの通りです。

※以上、P&Gの事例は、「定性調査維新の会」の調査を元に著者が文章化

作ったものをユーザーに提供するだけで売れる時代は終わりました。ユーザー自身

が何を求めているのか、何に喜びや満足を感じるのかを考えて商品を開発したり、コミュニケーションツールを考えたりする。それがスタンダードになりつつあるのです。

エクストリームユーザーに焦点を当てる

インサイト・ドリブンでは、その商品に対して極端な価値観を持つユーザー、**「エクストリームユーザー」**に着目します。例えば、本書冒頭に出て来たAさんのように、変わった食べ方をする人、毎日同じものを食べる人、あるいは通常1種類あれば事足りるはずのものなのに、複数使い分けている人などです。P&Gの事例で紹介した2週間で1本のファブリーズを使う女性も、エクストリームユーザーと言えます。

厳密に言えば、インサイトは誰でも持っているものです。どんなユーザーを観察してもヒントを得ることはできます。

ではなぜ普通のユーザーでは駄目なのか。**あらゆるモノが溢れている中、「ちょっと変わっている」程度のものでは、人の興味を惹くことはできない**からです。エクストリームユーザーは、平均的なユーザーが気付いていないことに対し、明確な意思とこだわりをもっています。その観察が、**定説・常識から意図的に離れるための手段**になるのです。

エクストリームユーザーは、「時代の少し先を行っている人」とも言えます。彼らのやり方は、いまの世の中では流行《はや》ってはいません。しかし斬新な視点、発想、思考などを自分で編み出しています。**彼らのインサイトを探っていくことで、平均的なユーザーを観察するよりも斬新なアイデアが出やすい**のです。

「ポケトル」のヒットに見るニッチ戦略

エクストリームユーザーの説明をすると、「価値観の偏った人のニーズでは市場性が見込めないのでは」という質問を受けることがあります。もっともな考えですが、正しくは**市場性がないわけではなく、価値が顕在化していないだけ**です。顕在化させることにより、そこに共感する人が増えてきます。

実現可能で利益を生む市場の存在が必要

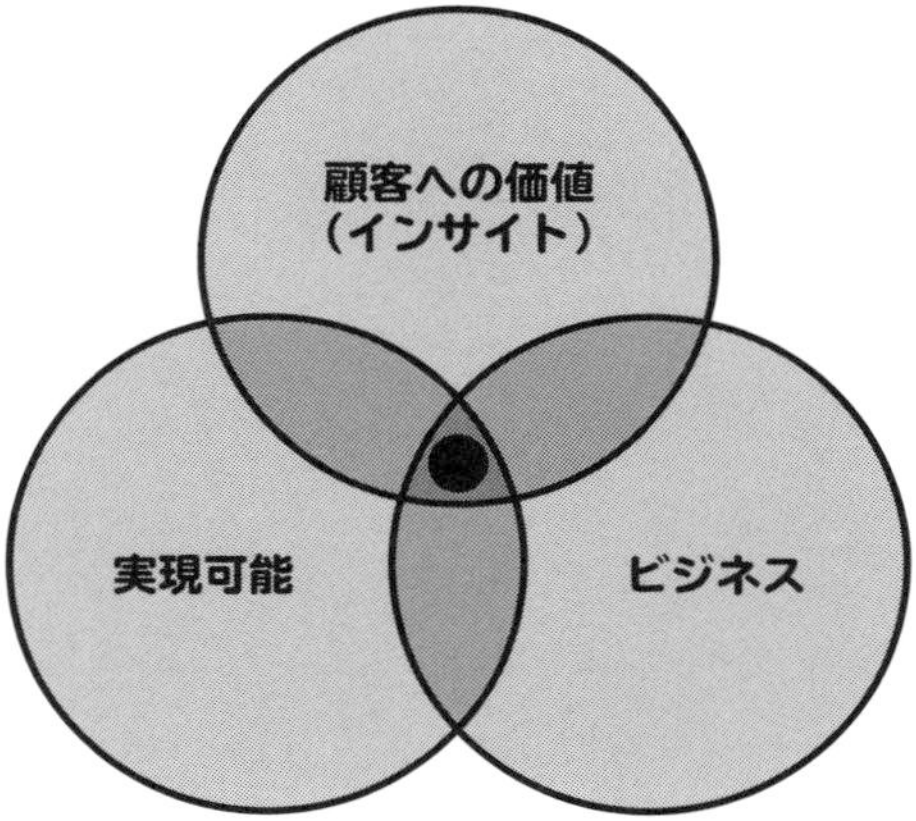

もちろん特定の個人のインサイトを満たすだけでは価値は生まれません。実現可能であり、利益を生むものでなければいけません。

みんなが欲しいモノを生み出すことは難しく、消費者は自分が欲しいモノを買う。そう考えると、**ヒットの大前提は「差別化された商品」**になります。「その他たくさん」の中の1つではなく、独自の魅力を持った商品でなければ、消費者は手に取ってくれません。

かといって、ただ変わっていればいいわけではありません。人は自分の問題解決に対してお金を払います。役に立たないものを買ってはくれません。差別化されていながらも、**誰かにとっての問題解決となる商品。それを生み出すためには、「1人」の限られたニーズを見るべき**です。

2019年のヒット商品に「ポケトル」という、120ミリリットルの超ミニサイズの水筒があります。水筒自体はすでに多くの人が持っているものですが、累計100万本を出荷する勢いで売れました。

それまでの水筒市場には、どちらかというとサイズを大きくする流れがありましたが、発想を逆にして、大人の手の平に収まるくらいの小さなサイズで売り出しました。それが「少ししか飲まないから大きな水筒は邪魔」「犬の散歩に少しだけ飲み物を持っていきたい」といったニーズを持つ人たちから支持されました。

この商品も、多数派から支持されなくても欲しい人にさえ売れればいい、という視点でスタートしたのでしょう。それが多くの人の中に眠っていたインサイトを顕在化させ、ベストヒット商品となったのです。

ポケトルは「確実にこの層だけは取りこぼさない、絶対にこの人たちにだけは買ってもらう」と狙って開発し、大ヒットした好例です。**人々のインサイトをきちんと捉え、差別化されていれば、ニッチ向け商品であってものヒットは生まれる**のです。

インサイト・ドリブンの心得

検証と修正のサイクルを高速回転する

ユーザー自身も知らないインサイトをもとに、商品を開発していく。その過程は正解のない道のりです。答えがわからない、いつまでやればいいのかわからない。そうした不安や恐怖の中で、どうしても**軸がブレてしまいがち**です。本章の最後に、インサイト・ドリブンによる商品開発を通して、強く持っておくべき意識についてお話しします。

まず、**やり直しを厭わず、検証と修正のサイクルを高速回転する**ことです。

従来の商品開発の手法では、プロトタイプや試作品をしっかり作ってから、検証の過程に進むのが一般的でした。しかしインサイト・ドリブンでは、プロトタイプの完成度を求めません。それよりもとにかく早く検証することを優先します。

インサイトをもとに作った商品は、少なからず誰かの共感を得るものになります。しかし検証段階では、それがビジネスとして利益を生むほどに世の中に受け入れられるかどうかはわかりません。

儲けになるかならないかわからないものを、完璧に作り上げることに意味はありません。未完成で構わないから、とりあえず世の中にぶつけてみて、駄目な部分を改善する。それを繰り返して完成形に近づけていく。それが結果的に商品開発の過程を速く進めることになります。

1つの商品開発が速く進むことには、大きな意味があります。**マスに向けた商品での成功が難しくなっているということは、1つの商品で大きな売り上げを上げることが難しくなっているということ**でもあります。語弊があるかもしれませんが、インサイト・ドリブンでの商品開発でも、限られたユーザーのインサイトを前提にしている以上、大ヒットになることは期待しません。

いいモノであっても、売れるとは限らない。もちろん少数の共感を得たところから大きく広がって、結果的に大ヒットに繋がることはあります。しかし最初からそれを前提に考えることは危険です。

であれば、少ない利益を得る商品をたくさん作る必要があります。**会社を支える大きな柱を立てようというのではなく、小さなたくさんの柱で会社を支える**ということです。

1つのヒット商品が駄目になったら会社も傾くというのでは、安定した経営とは言えません。どれかの売り上げが急激に落ちたとしても、そのほかの商品で支えることができる。それが安全な戦略です。これからのビジネスモデルは、小さな利益をたくさん生み出すという方向性が主になっていくはずです。

これは、1つの商品の開発や改善にこだわり過ぎるのは危険だということでもあります。仮に一度ヒットしても、それが長続きすることは希です。商品の賞味期限は、どんどん短くなっています。ずっと売れ続ける商品など存在しません。どこかで必ず終わりが訪れます。たくさんの小さな柱で会社を支えるためにも、商品開発は短いスパンで頻繁に繰り返していかなければいけないのです。

「できる・できない」で考えない

次に、インサイト・ドリブンでの商品・サービス開発で忘れてはいけない意識が、**最初から最後まで人間中心設計を貫き通す**ことです。

言葉にすれば簡単ですが、実践してみると意外と難しいことがわかると思います。マス向けの思考は私たちの頭の中に染み付いています。「本当にこの人の望むものであるかどうか」という視点を忘れてはいけません。

ペルソナ・マーケティングについてお話ししたところでも触れましたが、「1人の人間のために」という軸がブレると、どうしても自分たちの都合のいいように考えてしまいがちです。

1つは、**「自分たちでできること」を起点に考えてしまう**。よくあるパターンとして、商品開発の段階では「いまの工場のシステムを変えずにできること」、マーケティングでは「これだけのスタッフのリソースでできること」、広告では「普段付き合っている広告会社とできること」など、各フェーズにおいて、いつの間にか「供給者の論理」に流されてしまいます。

エクストリームユーザーのインサイトを満たすものを作るためには自社にない設備が必要なのに、「これでもいいだろう」と妥協してしまう。大前提を見失っているわけです。その繰り返しによって、**いつの間にか消費者のための商品が供給者のための商品になってしまいます**。

また、**開発過程がぶつ切りになることで、人間中心設計から外れてしまう**ことがあります。

多いパターンとして、まず企業がコンサルティング会社に依頼し、その会社が広告代理店やリサーチ会社を連れて来ます。そして商品開発はコンサルティング会社、定義設定やコンセプト創造・プロトタイプ制作・広告作りは広告代理店、インサイト探索や検証はリサーチ会社、というように作業が分担されます。そうして開発を進めていくうちに、次第に軸がブレてしまいます。

どちらのパターンも、防ぐためには「エクストリームユーザーのニーズを満たすものを作る」という大前提を忘れてはいけません。**その会社の設備やリソースは、エクストリームユーザーには関係ありません。**自分が共感するかどうか、使ってみて満足するかどうかだけです。そしてそれは、**彼らの背後にいるたくさんの消費者の声でもあるのです。**

社員一人ひとりが自信を持つ

商品開発という観点で、日本企業に足りない点がもう1つあります。それは社員の「自信」です。

海外の企業では、商品がヒットすると開発担当者の名前が大きく発信されます。1つのヒット商品を手掛けたら、「○○を開発した私」を名刺代わりに転職するほどです。しかし日本では、ヒット商品を生み出した個人の名前が表に出ることはあまりありません。スポットライトが当たるのは、社員個人ではなく会社です。

こうした違いからもわかるように、**日本の会社組織では、〝みんなで作る〟ことが**

大事にされています。それが悪いことだというわけではありませんが、自分の会社に自信を持っていても、そこを離れたときに自分はやっていけるのか、といった不安を持つ人がたくさんいます。

しかし、みんなで頑張った結果であっても、**世の中にない新しいものを生み出すことができたのであれば、間違いなく自分にとっての功績**です。転職する、しないに関係なく、まずは自分の仕事に自信を持ってほしいと思います。それが、さらなる改善や次の商品開発にも繋がっていきます。

そうして自分を認めた上で、組織全体を捉え直してみましょう。仲間たちの力を合わせれば、スティーブ・ジョブズのような天才ではなくても勝負できます。**自分の力に誇りを持ちつつ、会社としての方向性も強く持つ**。これが日本人に合った〝会社の中で働く者の自信〟ではないかと思います。

失敗を恐れて保守的になり、挑戦できない風土が日本企業にはあります。しかし新しいチャレンジは決して怖いことではなく、誰にでもできることです。**ユーザーを観**

察すること、失敗したら一度戻ること、自信を持つことができれば大丈夫です。自分たちだからこそ考え出せる、自分たちだからこそ実現できる商品開発を進めていきましょう。

避けては通れない課題

テレビや新聞、雑誌などで、「ＳＤＧｓ」という言葉を聞く機会が増えています。ＳＤＧｓとは「Sustainable Development Goals」の略称で、「持続可能な開発目標」と訳されます。２０１５年9月の国連サミットで採択された、国連加盟１９３カ国が達成を目指す２０３０年までの国際目標です。

世界を見渡せば、貧困、気候変動、人種やジェンダーに起因する差別など、さまざまな問題・課題が山積しています。こうした地球規模の問題を解決するために、地球上の「誰1人取り残さない（leave no one behind）」という共通理念のもと、ＳＤＧｓでは17のゴールと、それを達成するための１６９のターゲット（より具体的な目標）を設定しています。

国連では「持続可能な開発」を「将来の世代がそのニーズを充足する能力を損なわずに、現在の世代のニーズを充足する開発」と定義しています。つまり、現在地球上に存在している世代だけでなく、子どもや孫の世代のことまでを考えた開発が、いままさに求められているのです。

17のゴールを見ると、「自分たちの会社でできることなんて思い付かない」「発展途上国の人たちのことまで考える金銭的余裕はない」と考えてしまう企業も多いかもしれません。しかしＳＤＧｓは、２０３０年までに達成することが定められたものです。

SDGsの17のゴール

①貧困をなくそう
②飢餓をゼロに
③すべての人に健康と福祉を
④質の高い教育をみんなに
⑤ジェンダー平等を実現しよう
⑥安全な水とトイレを世界中に
⑦エネルギーをみんなに　そしてクリーンに
⑧働きがいも経済成長も
⑨産業と技術革新の基盤をつくろう
⑩人や国の不平等をなくそう
⑪住み続けられるまちづくりを
⑫つくる責任　つかう責任
⑬気候変動に具体的な対策を
⑭海の豊かさを守ろう
⑮陸の豊かさも守ろう
⑯平和と公正をすべての人に
⑰パートナーシップで目標を達成しよう

すでに〝待ったなし〟で、企業も個人も「取り組まなければばならない」ものなのです。まずは1つでいいので、自社でできることはないか、目標を設定して取り組みましょう。

また誤解されがちですが、ＳＤＧｓは「ＣＳＲ（Corporate Social Responsibility／企業の社会的責任）」とは異なり、利益の追求も求められています。詳しくはコラム②でお伝えします。

第 2 章

「スタート」と「ゴール」を決める

——プロセス①「定義設定」

「なぜ作るのか」を明確に

スタートから間違ってしまわないために

インサイト・ドリブンの第一段階は「定義設定」です。**ここで決めるのは３つ。プロジェクトのスタートとゴール、それからルール**です。

それぞれ簡単に説明すると、スタートはそのプロジェクトの課題、つまり何を解決すべきか、ゴールはその解決のためにどんな商品やサービスを開発するか、ルールはプロジェクトを進めていく上で守らなければいけない決まり事です。

まずはスタートとゴールです。**多くの企業やプロジェクトチームが、自分たちの課**

題を正しく捉えることができていません。当然、正しいゴールを描くこともできません。

よくご依頼いただくケースとして、クライアント自身が課題を見つけ、その課題に基づいた新商品を開発したので検証してほしい、というものがあります。しかし客観的に見て、その課題自体が間違っていることも少なくありません。

特に多いのが、「他社の新商品が売れ始めているから、うちも同じようなものを出したい」というケースです。

少し前の話ですが、街にタピオカ店がどんどん増え、タピオカを使った新商品がさまざまなメーカーから登場したことがありました。もちろんすべてがそうだとは言いませんが、「流行っているものに乗っかろう」と、厳しく言えば便乗商法のように新商品を開発した企業もあると思います。

以前であれば、この考え方も正しかったと言えます。しかし、市場が縮小していくこの国では、通用しなくなってきました。従来の商品との差別化をしっかり考えないまま進んでしまい、失敗する。これはタピオカに限らず、よくある話です。

そもそもこの商品を誰が買うのか、他社の商品と比べてどう違うから買ってもらえるのか、といった基本的な視点が欠けている新商品も少なくありません。

私たちは往々にして、過去の購買データや経験、それらに基づく主観や思い込みで動いてしまいがちです。**正解に繋がる根拠がないのにもかかわらず、「絶対に売れるはずだ」と過信してしまう**。もちろん結果として売れる場合もありますが、偶然に過ぎません。正しく課題を見極めることができなければ、スタートから間違ってしまうのです。

正しい課題設定の考え方

課題を正しく捉えることができないのは、その企業や担当者の力量というよりも、内部からでは冷静に判断できないことが大きな原因だと思います。商品開発に至る経緯や事情は、会社によってさまざまです。それをすべて無視して冷静に考える、というのは難しいことではないでしょうか。

そこでわれわれは、課題の発見からご協力させていただいています。もちろん、クライアントが設定した課題からスタートすることもありますが、マーケティングの出発点である「課題の発見」から参加することで、プロジェクト進行中に本来の課題からズレそうなときにも、客観的な視点で軌道修正をご提案しやすくなると考えています。

課題を正しく設定するためには、マーケティングの手法としてよく知られているSWOT分析、PEST分析、3C分析などの、環境分析や未来予測が必要になってきます。社会を知り、市場を知り、競合を知り、その予測をするわけです。

しかし、それ以上に必要なのが、**「なぜこの商品を作るのか」「なぜ自社で作るのか」といった、ビジョンや経営理念に近い部分**です。これらは企業の土台とも言うべき部分です。商品開発に限らず、経営理念やビジョンがしっかりしていない会社の足並みは揃いません。

ただし、スタートアップ企業でもない限り、商品開発の際にビジョンを決めるということはまずないと思います。ビジョンはすでに決められていて、全社員が共有していることを前提に、日々の仕事が進んでいる。商品開発はその中でスタートするものであり、どんな商品を作るのかも、ある程度決まっていることがほとんどだと思います。

問題なのは、**忙しい仕事の中では経営理念やビジョンが忘れられがち**だということです。普段からよほど強く叩き込まれていない限り、ビジョンを意識しながら働く人は少数です。それを改めて捉え直し、「自分たちはなぜこの商品を作るのか」をはっきりさせることからスタートする。その過程を省いてしまうと、一見正しそうではあっても、軸のないアヤフヤな商品になってしまいかねないのです。

みんなで決めることが大事

多数の多様な人たちの参加を

課題の決定に限らず、定義設定全体をプロジェクトに関わるメンバー全員で決めていきます。リーダーや責任者がメンバーに指示するというのではなく、**全員参加のワークショップで議論していきます**。

このことがとても大切です。前述のビジョンや経営理念を同じ言葉で共有していても、どのように理解しているかは人それぞれです。

さらに、**新商品の開発だからこそ一人ひとりの認識はズレやすくなります**。例えば「新しいジャンルのカップ麺を開発しよう」と決めたとしても、ターゲットや「新しさ」の定義、カップ麺とはどこからどこまでを指すのか、それぞれが考える基準はバラバラです。そのベクトルを揃えるために、一つひとつみんなで決めていくことが必要なのです。

参加者の数は社内の各部署から2人ずつの10人程度になるケースが多いと思いますが、仮に30人いるならば30人が参加しても構いません。なるべく多くの人に参加してもらいます。

年齢や性別、立場など多様な人たちを集めることができれば、より効果的です。例えば若い女性向けの商品を考えるのに、ベテランの男性社員ばかりが集まって話をしても、うまくいきません。また、多様な人たちがいることで、発想の枠が広がります。中年男性から見た若い女性の意見は、驚くほど斬新です。そうした違いをお互いに否定するのではなく、尊重する姿勢が大切です。

ちなみに、全員参加のワークショップで物事を決めていくという過程は、第4章でご説明する「コンセプト創造」とも共通します。

クライアントの方々にワークショップが大事だというお話をすると、多くの場合「すでにやっている」という言葉が返ってきます。しかし細かく聞いてみると、表面上みんなの意見を聞いているだけで実際には上司の一存で決まるものであったり、単なる意見交換に過ぎないものだったりします。ワークショップとはどのように進めればいいのか。これも第4章で詳しく説明します。

プロジェクトをスムーズに進めるために

外資系企業では、それぞれの部署から人を集めて商品開発のプロジェクトチームをつくることが一般的です。しかし、**日本企業では横串を通して部署間で連携していくという発想が薄く、縦割り型が定着しています。**

商品開発部が商品を考え、製造部が材料の仕入れから出荷までの計画を立て、マーケティング部がパッケージデザインやモニター調査、広告展開など全体を考え、営業部が卸や小売店と交渉して、広報部がリリースを発信し取材対応をして……というように、それぞれの部署ごとに仕事領域がはっきり分けられています。

そのため、**プロジェクトを通して一貫した軸を持つことが難しくなります**。商品開発部の意図を、広報部が理解して進めてくれるとは限りません。そうして何かの問題が起きたとき、「そっちの部署の責任だ」「うちの仕事ではない」といったトラブルになることもあります。

全員参加のワークショップの目的には、**みんなで合意形成をすることでトラブルを避ける**という側面もあります。また、理想論ではありますが、**あらかじめ決定権者に参加してもらうのがベスト**です。新商品開発では比較的若手の社員が担当者になることが多いと思いますが、そこで出た案が管理職に却下されてしまうこともあります。なるべく定義設定の段階から影響力のある上司や先輩を巻き込むようにしましょう。

組織の中で仕事を進めていく上で、人に動いてもらうことは避けられません。スムーズに事を運べるように、こうした根回しも大切です。

何より大事な「熱意」を引き出すために

以前、あるクライアントの定義設定のワークショップに、プロジェクトメンバーが揃わなかったケースがありました。防犯対策用品の商品開発です。

定義設定を終えた段階で不安ではありましたが、案の定、エクストリームユーザーの訪問観察をしている最中に、「やはり防犯対策の新商品ではなく新サービスの開発をしたい」と急な方針転換を要請されました。仕方なく、防犯対策商品のエクストリームユーザーから、まったく毛色の違う新サービスに関するインサイトを探すことになりました。

さらにコンセプト創造のワークショップにも、予定の半分の人数しか参加してもらえませんでした。人数が増えるのは大歓迎ですが、人数が減れば発想の枠も狭くなってしまいます。このときはなんとかいいアイデアが生まれましたが、われわれも先方の担当者も青ざめる思いでした。

こうなってしまったきっかけは、**定義設定でプロジェクトメンバー全員が揃わなかったというつまずき**です。そこでメンバーの認識を統一できなかったことにより、中心メンバー以外の担当者にとってプロジェクトが「自分事」にはなりませんでした。そのため熱意を持って取り組むことができなかったのです。

日本企業では、普段の仕事をする傍《かたわ》らで新商品開発をすることが多くなっています。するとどうしても通常業務が優先されてしまい、新商品開発は後回しにされてしまいがちです。

それに、ワークショップに対して初めからモチベーションを持っていない人がいるのも事実です。「どんな意味があるの？」「そんなこと、これまでに散々やっているよ」などと言われることも多々あります。

こうした構造自体を変えるのは難しいでしょう。だからこそ、最初にプロジェクトメンバー全員が集まることが大事です。誰がいつ決めたかわからないプロジェクトに途中から参加しても、モチベーションは上がりません。**スタート段階から自分たちで「これをやろう」と決めることで、メンバーそれぞれがプロジェクトを自分事にできるのです。**

新商品開発に限りませんが、どれだけノウハウやシステムが整っていたとしても、プロジェクトの成功のカギを握るのは、やはり担当者の熱意です。もちろん自分一人だけでは駄目です。みんなで同じ方向を向いて進んでいくことが何より大事です。

プロジェクトの成否は人で決まると言っても過言ではありません。定義設定の目的は、この後にご説明するさまざまな要素を決めていくことよりも、チームの意思統一と熱意を引き出すことのほうが大きいと言えます。

「5W1H」でプロジェクトの大枠を決める

スタートとゴールを決める

ここからは、具体的な定義設定の方法をご説明していきます。

定義設定のワークショップは、4時間程度が目安です。理想は昼前からスタートして、ランチタイムも関係者間のコミュニケーションを取る時間に充てます。普段一緒に仕事をしていないメンバーや、食事をすることのない相手もいると思います。意見の出やすい雰囲気をつくるのと同時に、普段とは違う環境で過ごすことで、自由な発想も出やすくなります。

まずは10分から15分程度のアイスブレイクをして、さっそく議題に入ります。アイスブレイクについては第4章で詳しくお話しします。

ただ、多くの場合、この段階の参加者は社内の人たちであり、今日出会ったばかりというわけではありません。定義設定でのアイスブレイクはそれほど重要な過程ではなく、いつもと少し違う思考をするための準備運動だと考えてください。

まずは前述の通り経営理念やビジョンを改めて共有した上で、「5W1H」でプロジェクトのスタートとゴールを決めていきます。これはビジネスの現場でも一般的になっている考え方なので、知っている人も多いと思います。

「When／いつ」「Where／どこで」「Who／誰が」「What／何を」「Why／なぜ」「How／どのように」の頭文字を取った言葉で、情報伝達のために必要な要素を示す考え方です。これを定義設定に応用します。

まずは「Why」が重要です。「売り上げが落ち込み始めたジャンルを再活性化させたいから」「これまで参入していなかった市場にチャレンジしたいから」あるいは

「会社の代表商品になるような商品を作りたいから」など、**「なぜ作るのか」をはっきりさせます**。

そこから「What」が見えてきます。例えばお菓子メーカーであれば「クッキー」や「チョコ菓子」といったジャンル、あるいは「食べている間、幸せな気持ちになれるお菓子」といった、「何を作るのか」のテーマを決めます。

ここでは、**あまり細かく決め過ぎない**ようにします。例えば「コンビニで販売する塩味でサクサク食感のポテトチップス」と決めると、選択肢は量と金額くらいしかなくなってしまいます。実際にはある程度の条件が決められている場合が多いと思いますが、その制限の中でなるべく発想を広く持てる定義を決めましょう。

次に誰に向けたものかという「Who」です。**ひと言で「ユーザー」と言っても、担当者それぞれが考えるユーザーの定義はバラバラ**です。例えば商品を週1回使う人と月1回使う人のどちらをユーザーとして想定するのか。そうした細かな点が統一されていなければ、後々ターゲットがブレてしまいます。

ここまでの3つは順を追ってお話ししてきましたが、この通りでなければいけないということではありません。会社の事情や商品開発のきっかけに合わせて、どこから考えてもいいと思います。

いつまでに達成するかの「When」、対象エリアの「Where」については、定義設定の段階では決める必要がない場合もあります。あるいはいったん仮で決めておいてもいいでしょう。

なるべく自由に。しかし大きく外れないように

定義設定のフェーズではスタートとゴールをはっきりさせるとご説明しましたが、逆に言えば、その間のプロセス、つまり「どのように作っていくか」は、なるべく自由度を持たせます。

新商品開発は、何をどう進めていくのか、正解は何なのかがわからないプロジェクトです。その過程においては、さまざまな選択肢があります。それを**厳しく制限すると発想の枠が狭まってしまい、当たり障りのない結論しか出なくなってしまいます。**

5W1Hでプロジェクトのスタートとゴール、ルールを決める

What	何を作るのか
Why	なぜ作るのか
Who	誰に向けたものか
When	いつまでに達成するか
Where	対象エリアはどこか
How	最低限守らなければいけないルール ①技術面：例／外部企業との連携は考えられるか ②進行：例／メンバーの何％が賛同すればＯＫか ③差別性：例／想定する競合 （避けたい競合／避けなくていい競合）
	など

すべて自由に、あらゆる可能性を試しながら進んでいくことができればいいわけですが、それではどこから手を付ければいいのかわかりません。また、実際には商品開発のタイムリミットもあるでしょうし、ある程度どんな商品を作るかも決まっていると思います。

そこで５Ｗ１Ｈの残りの１つである「Ｈｏｗ」を決めます。これが定義設定で決めるべき「ルール」です。開発を進める上で最低限守らなければいけない決まり事を共有することで、**なるべくプロセスに自由度を持たせながら、外してはいけない大枠をつくる**イメージです。

例えば、開発予算はいくらまでかけられ

るのか、スタッフの増員はできるのか、避けるべき競合はどこなのか、今後のプロセスにおいてメンバーの何パーセントが賛同したらOKとするのか、あるいは「何年後の売り上げ目標をいくらにする」といったことを決める場合もあります。

以上、5W1Hの各項目について、みんなで自由に発言をしながら合意形成していきます。意見が割れた場合、最終的な基準は多数決です。仮に**自分の意見が通らなくても、自分の意見を十分に発言できた上であれば、納得感を持つことができる**と思います。そのためにも、みんなで決めることが大事なのです。

インサイト・ドリブンの対応領域

本書では、基本的に新商品開発の過程に沿ってノウハウをお伝えしていますが、新商品だけではなく、新しいサービス、既存商品の新しいコミュニケーションプラン（販促方法）、あるいは組織の新たな方向性など、**インサイト・ドリブンはさまざまなシーンに活用できます**。

頭髪化粧品などの製造・販売を手掛けるホーユー様とは、新しい販促ツールを作っています。

ヘアカラー商品は種類が多く、また売り場に置く「毛見本」もパッケージの情報も競合各社で似通っています。そのため、ユーザーが棚から目当ての商品を探すのが難しいという問題がありました。こうした背景から、このケースでは「ユーザーが売り場で感じているストレスという課題を解決するために、新しい販促ツールの開発をする」という定義設定をしました。

そこでインサイト探索から始めました。エクストリームユーザーは、頻繁にヘアカラーを購入する人とまったく購入したことがない人、さらに比較対象として平均的な頻度である年6回ほどヘアカラーを購入する一般ユーザーにも協力してもらいました。

売り場の販促ツールを作ると決まっていたので、インサイト探索のためのユーザーの観察は自宅訪問ではなく、実際の売り場で買い物をする様子の観察とインタビューを行いました。

そうしてわかったことは、売り場にある販促物はほとんどユーザーたちの目に入っていないという事実です。ユーザーたちが売り場で毛見本を触ったり眺めたりするのは、すべて無意識の行動であり、染めた後の色味を知るためではなかったのです。

その後の共創ワークショップでは、ユーザーの課題とその解決策を具体化していきました。これを元に、現在新たな販促物を制作中です。


大阪府内を対象放送地域にしているFM大阪様のプロジェクトでは、組織の新たな方向性を決めるために、インサイト・ドリブンを用いて協力させていただきました。同局では2020年の開局50周年を前に、今後50年の方向性を考え、社員それぞれが自分事として共有できるようにしたいと考えていました。

そこでまずは、リスナーがFM大阪やFMラジオに何を求めているのかを調査しました。このときはエクストリームユーザーの訪問観察インタビューではなく、現リスナーと潜在リスナー、自社リスナーと競合リスナーへのウェブ調査とグループインタビューを行いました。

そしてその結果を元に、社員たちで共創ワークショップを行い、「音楽重視の他局とは一線を画したコンセプトを取り入れていこう」などといった組織の方向性をまとめることができました。「このワークショップが、社員それぞれが会社の未来を考える大きなきっかけとなった」という言葉をいただいています。

修正を重ねて商品を育てていく

矛盾するようですが、**定義設定で決めたことを、絶対に変えてはいけないわけではありません。**いったんみんなで決めたことにより、変える際には「なんとなくしっくりこないから変えよう」ということができなくなります。変えるなら変えるなりの明確な理由やメリットが必要であり、根拠のしっかりとした変更を選択することで、**プロジェクトの方向性がさらに確実なものになっていきます。**

第1章でも述べたように、日本企業は「戻ってやり直す」ことが苦手です。組織も社員も、走り出したら前にしか進めません。**「どう見てもおかしい」と思っても突き進んでしまう最大の要因は、やはりスケジュール**だと思います。売れないものをスケジュールに間に合わせることがそこまで重要なのか。きっと誰もが自問自答しながら、それでも進んでいくしかないのでしょう。

これからの時代、「一度世の中に出した商品やサービスに修正を重ねて、よりよいものに育てていく」というやり方が常識になっていくはずです。急成長しているソフトウェアの市場では、完璧ではなくてもとりあえずリリースし、その後に繰り返しアップデートすることがすでに常識となっています。

これが消費者の意識にも根付き、社会の価値観になることで、**物理的な商品でも「失敗したら戻ってやり直せばいい」という考え方が当たり前になる**でしょう。

その兆候はすでに見え始めているようにも思います。例えばロングセラーのお菓子や飲料のブランドでは新商品も発売されますが、「味を見直しました」という表現が増えてきています。

もちろんこれまでもメーカーは味の改善を重ねてきていたわけですが、それをオープンにアピールすることはありませんでした。むしろ「発売当初から変わらない味」が売り文句にもなっていました。それがいまでは「リニューアルによってより美味しくなりました」ということがアピールポイントになっています。

そうした世の中で、**「初志貫徹《しょしかんてつ》」「一度決めたらやり遂げる」とばかり言っていても仕方ありません**。すでに、ビジネスの常識をアップデートしなければいけない時代が訪れているのです。

利益追求と矛盾しない

SDGsは2030年までに達成すべき国際目標です。私たちが「自分たちさえよければいい」と環境保護や人権を考慮せず、利益を追求し続ければ、世界が立ち行かなくなります。社会と地球環境を守るためにいますぐ取り組まなければいけません。

それは「利益の追求をしてはいけない」ということではありません。むしろSDGsは明確に「経済開発：経済活動を通して富や価値を生み出していくこと」を推奨しています。その上で、「社会的包摂《ほうせつ》：社会的に弱い立場の人も含め、1人1人の人権を尊重すること」「環境保護：環境を守っていくこと」と並び立たせ、調和させることを求めているのです。つまり、本業や新事業で利益を出すことで社会や環境に貢献するということであり、利益を出すことが大前提なのです。

そうした点で、似たような意味に捉えられがちなCSRとは異なります。日本でCSRは、自社のイメージアップを目的とした、寄付などのシンプルな社会貢献と捉えられています。しかしSDGsでは持続可能性を重視するため、各企業が本業そのものにSDGsの考え方を組み込み、社会や環境の改善に取り組むことを前提にしています。「それぞれの得意分野を世界のために生かす」という点で、ＳＤＧｓはＣＳＲ活動に比べ、よりアイデアとオリジナリティに溢れた活動となり得るのです。

例えばそれぞれの得意分野を生かした異業種連携で、新たなアイデアが生まれ、新たな事業機会を獲得することも可能です。他社、自治体、大学、ＮＰＯ、社会起業家、あるいはファンコミュニティなどと共創する「オープンイノベーション」で、ＳＤＧｓの解決策を明確にしたり、解決のスピードを速めたりできるでしょう。

このようにＳＤＧｓが大きな注目を集めているのは、決して社会貢献の観点からだけではありません。事業に創造性をもたらし、現場にイノベーションを起こすことで、新たなビジネスチャンスの獲得や経営リスクの回避のための、グローバルで汎用性の高いツールとして活用できる点で注目されているのです。

ＳＤＧｓ達成によってもたらされる市場機会の価値は年間12兆ドルにも上るとされています。ＳＤＧｓには巨大なビジネスチャンスが眠っているのです。このことについては、コラム③でお伝えします。

第 3 章

「こだわりの種」を見つけ出す

——プロセス②「インサイト探索」

エクストリームユーザーの探し方

自分で探すか他社に依頼するか

インサイト・ドリブンによる商品開発に欠かせないのが「エクストリームユーザー」の存在です。その定義を改めて説明すると、日本語に直訳する通り**「異質・極端な、消費者・顧客」**という意味です。

歯磨き粉を例に考えてみます。

普通のユーザーであれば、1人1種類、あるいは自宅用と会社用に2種類を使い分ける程度だと思います。しかし世の中には、5種類、10種類の歯磨き粉を気分によって使い分ける人もいます。

あるいは使用頻度の高さです。普通なら1日3回の歯磨きですが、3時間おきに歯磨きをして通常の何倍もの量を購入する人もいます。

使い方そのものが変わっている人もいます。歯ブラシを使わず直接指に歯磨き粉をつけて歯を磨く。もしかしたら、歯以外にも歯磨き粉を使う人がいるかもしれません。

本当にそんな人がいるのか、と思われるでしょうが、その通り、**「エクストリームユーザー」には、なかなか出会えるものではありません**。商品開発者にとっては貴重な存在であると言えます。

ではどうやってエクストリームユーザーを探すのか。もし友人、知人に面白い人がいれば、その人をエクストリームユーザーとすることもできますが、実際にはそううまく見つからないと思います。

探し方としては、まず2つのパターンがあります。1つ目がわれわれのようなマーケティングリサーチを代行する会社を通して、アンケートモニターから探す方法。次にSNSやブログを使って自分で探す方法です。それぞれご説明していきます。

リサーチ会社で探すのがベスト

結論から言えば、**エクストリームユーザーの探索ではリサーチ会社を使うのがベストです。**

後述しますが、SNSやブログからエクストリームユーザーを探し出す過程は、とても地道な作業です。時間がかかる上に見つからない可能性も高く、見つけたと思っても別の目的のために「面白く見せているだけ」の場合もあります。他社に依頼することで、その時間を省略できます。

さらにアンケートモニターは、モニター登録時に性別・年代・居住地・家族構成・仕事などの「デモグラフィック（デモグラ）」情報を登録しているため、ターゲットに合う人を選びやすいという利点があります。一方のSNSでは、個人情報を発信することは滅多にありません。どんなデモグラの人なのかがすぐにはわからないというのもネックです。

さらにSNSなどから探す場合は、この後の訪問観察インタビューをお願いする際、ダイレクトメッセージなどでアプローチすることになり、これも高いハードルになります。聞いたこともない会社からいきなりダイレクトメッセージで取材依頼をされても、断って当然です。われわれもSNSを通して訪問観察インタビューをお願いしたところ、断られてしまったことがあります。最悪の場合、詐欺《さぎ》と疑われる可能性もあるでしょう。

その点、アンケートモニターは登録時にアンケートに答えることを前提にしており、その会社に協力しようという意識も持っています。インタビューをお願いしても断られることは少なく、スムーズに次の段階に進むことができます。

また、リサーチ会社の多くは全国に調査員のネットワークを持っており、各コミュニティを束ねるリーダーのような人物と契約しています。その人に、例えば「歯磨き粉を5種類使い分けているような人や、2週間に1回買うくらいたくさん使っている人を知りませんか?」と聞きます。

知っているというのであればそのまま紹介してもらうことができますし、知らなければ彼らの知人に聞いてもらい、そこでも知らなければさらに拡散していくことができます。どんな人物を探しているかはっきりしていることから、最短ルートでピンポイントな対象者を探すことができます。これを「機縁法」といいます。

SNSで探す場合

ＳＮＳでエクストリームユーザーを探す場合には、対象となる商品名やカテゴリの名称などでハッシュタグ検索をしていきます。ブログの場合は、キーワード検索です。そこでヒットしたものを一つひとつチェックして面白そうな人を探していくわけですが、これが困難です。

頻繁に投稿している人ほどその商品に対するこだわりが強いように思えますが、そうした人にはあまり期待できません。これは経験則になりますが、フォロワーを集めるために更新しているだけで、実際には特に変わった使い方をしていない場合がほとんどです。

ウェブ上でエクストリームユーザーを探していくと、有名なインフルエンサーやユーチューバーが出てきます。彼らは一見面白い行動をしていますが、これもPV数を上げるという目的でやっているケースが大半です。

本当にこだわりの強い人は、むしろ「この行動を周りにわかってほしい」とは思っていません。SNSでの発信をすることもなく、自分だけで楽しんでいます。あるいは、自分の行動が変わっているということ自体を自覚していない人もいます。斬新なインサイトを見つけるためのエクストリームユーザーには、こういうタイプの人が適していきます。

このように、SNSやブログではそもそも見つかる可能性が低い上に、投稿の中身や過去の投稿履歴なども詳しく見て判断する必要があります。想像してわかる通り、とても地道な作業です。複数人の担当者で数日かけなければ、なかなか見つけられないと思います。こうした点から、SNSでエクストリームユーザーを探す方法は、効率が悪いと言えます。

自社組織で探す場合

エクストリームユーザーを探す方法として、リサーチ会社への依頼とＳＮＳでの探索に加えてもう1つ考えられるのは、大企業が独自の会員組織を持っている場合、そこから探す方法です。

山梨県にあるブドウのブランド企業からご相談を受けた際は、その企業のファンサイトの投稿から、エクストリームユーザーを探しました。ブドウをそのまま食べるだけでなく、パンの材料として大量に使っている人でした。

こうした方法は少なくとも自社の商品のファンから選ぶということで、探しやすいとは言えます。しかし一方で、**「本音」を聞き出すことは難しくなります。**

企業にとって、自社の会員は絶対に粗相《そそう》があってはならないお得意様です。リサーチの過程で何か失礼なことがあればクレームにもなりかねず、聞きたいことを率直に聞くことができません。それに、会員の側にとっても、自分の好きな企業からの依頼です。商品やサービスに気に入らないところがあっても、忌憚《きたん》なく話すというところまでは抵抗があるでしょう。

また、リサーチ会社ではモニターにアンケートを取って絞り込んでいきますが、自分たちでこれをしようとすると想像以上にハードルが高くなります。ヌケモレのないように、聞かなければいけない項目を揃える。先に質問した情報が後ろの質問の結果に影響しないように、質問の内容や順序を調整する。意味が重複しないように、選択肢の文章を考える。最後まで解答してもらえるように、適切な分量にする。気を付けるべき点がたくさんあります。

リサーチ会社にはそうしたノウハウが蓄積されています。「餅は餅屋」ではないですが、やはりある程度のモニター数を抱えているリサーチ会社に頼むのがベストです。1000万人以上のアンケートモニターを保有しているリサーチ会社はいくつもあります。まずは外注することから考えてみてください。**時間の面でも費用の面でも、結果的にコストは低くなる**はずです。

「数千人に1人」を見つけ出す

エクストリームユーザーは希少な存在

　ここでは、われわれネオマーケティングがエクストリームユーザーを探す手法をご説明します。ほかのリサーチ会社や自社で行う場合にも、参考にしていただけると思います。

　われわれはアンケート専用の会員組織を持っており、登録者数は約1800万人（提携含む）と業界最大級です。このモニターの中から、ある程度ターゲットの条件に近い人や、後の自宅訪問をしやすいエリアに住んでいる人など、基準に合う人を抽出してアンケートを依頼します。

なお、このモニターは「ポイントサイト」あるいは「お小遣いサイト」と呼ばれる「成功報酬型広告（アフィリエイト広告）」が集まるサイトに掲出されたネオマーケティングの広告に興味を持ち、モニター登録をしているケースがほとんどです。モニター登録時やアンケート回答時にポイントをもらえることが、モニターにとってのメリットになります。

アンケートを取る人数はケースによって変わりますが、ある程度の条件を決めた上で**無作為に選んだ2000～5000人にお願いする**場合が多くなっています。クライアントの希望次第でより大規模に行うことも可能です。

これも経験則になりますが、これくらいの母数がなければ、エクストリームユーザーはなかなか見つかりません。エクストリームユーザーは、それほど希少な存在であり、だからこそ商品開発の大きなヒントになるわけです。

定義設定に合わせて条件を決める

プロジェクト全体の効率を高めることや定義設定からブレないためにも、**どんな条件に合う人たちの中からエクストリームユーザーを探すか、といった条件設定は大きなポイント**となります。

例えば「飲料」のエクストリームユーザーを探そうと思っても、条件はさまざまに考えられます。

これが既存商品の改善であれば、この段階は難しくありません。既存商品はすでにブランディングされており、「この商品でなければ駄目」という人が少なからずいるはずです。そのため、当該商品のユーザーの中から探すのが近道になります。

新規商品の場合は、プロジェクトの定義設定に合わせて対象を広げることができます。

「お茶の新商品を作る。必ずお茶でなければいけない」のであれば、まず考えられるのは競合商品のユーザーです。ジュースや水のユーザーを対象にしても参考にはなりません。

これが「飲料なら何でもいいから新商品を作る」のであれば、対象もさまざまな飲料のユーザーに広がります。

あるいは「SNS映えのするペットボトルドリンク」であれば、商品ジャンルに別の要素が加わることで、関連のある別のカテゴリからもエクストリームユーザーを探すことができます。例えば「SNS映えするお菓子」や「SNS映えするお弁当」など課題が共通している商品のユーザーです。

エクストリームユーザーの探し方からは少し外れてしまいますが、関連のある別カテゴリの商品を参考にする方法は、商品開発でよく用いられています。例えば建築デザイナーがマンションを設計するときには、オフィスビルやホテルを参考にすることもあるでしょう。

関連性の定義次第で、参考にできる対象はいくらでも考えられます。

あるアメリカのデザインコンサルティング企業の事例では、「手術室の改善・効率化」というプロジェクトでアイデアを得るために、F1のサーキットを訪問観察しました。

F1ではレース中のタイヤ交換や給油などのために各チームにピットが設けられています。コンマ数秒レベルで競争しているマシンがピットに入ってくると、約20人のスタッフがあっという間にタイヤを取り替えます。徹底的に効率化された無駄なタイムロスのないチームワークです。この点が、「患者のために、時間のロスなくチームワークで作業をする」手術と共通しているということで、観察対象にしたのです。


医療とF1という一見共通点のなさそうな業界ですが、「手術室の効率化」という定義設定から、同じように効率化が徹底的に追及されているF1のピットを参考にできました。もし定義設定が「病院内の衛生状況を改善する」であれば、5つ星レストランの厨房を見たほうがいいのかもしれません。

こうした点でも、新商品開発における定義設定はとても大事な要素になるのです。

定量情報と定性情報で探す

エクストリームユーザーを探す基準を決めたら、**「定量情報」と「定性情報」の２方向から候補を絞り込んでいきます。**

定量情報とは、数値化できるデータです。基準にしたユーザーの平均値から大きく外れている人、商品を買う頻度や使う頻度、商品にかける金額が異常に高い人、などを探します。定義設定次第では、異常に低い人も考えられます。このフィルターで**１００～２００人に絞っていきます。**

そのうち最も異常な定量情報を持つ人をエクストリームユーザーと考えることができそうですが、これだけでは不十分です。**定量情報が突出しているだけでは、単なるヘビーユーザーの域を抜け出していない可能性もあります。**どのようなこだわりを持つかは、数字だけでは見えないのです。

「新しいカップ麺」開発でのアンケート項目と結果抜粋

調査対象者

１都３県在住の20〜69歳男女　5000人

質問項目

Q.即席麺の喫食頻度
Q.即席麺に対する態度
Q.カップ麺のブランド別喫食頻度
Q,カップ麺のブランド別好意度
Q.カップ麺を好きな理由（投影法）
Q.カップ麺の喫食シーン
Q.自分ならではのカップ麺の食べ方
Q.カップ麺の１日の最大喫食数
Q.カップ麺の常備数
Q.カップ麺と一緒に食べる食品・飲料
Q.あなたにとってのカップ麺とは
F（属性）.職種、同居家族、趣味、可処分所得

アンケート結果（訪問調査許諾者428人）

頻度	ほぼ毎日	0.9%
	週４〜５日	1.6%
シーン	朝食	7.7%
	朝食が最頻	1.6%
即席麺に対する態度	全種類を制覇したい	6.1%
	新商品を頻繁にチェックしている	2.1%
	ほかの料理と混ぜて食べている	0.9%
	即席麺はお菓子だ	0.2%
	麺工場に足しげく通っている	1.2%
	即席麺が心底嫌いである	0.2%
	人が食べるものではない	0.7%
１日の最大喫食数	５食以上	1.4%
自宅常備品	10食以上	4%

そこで定性情報からも探します。定性情報とは、数値化できないデータです。ここには判断する人の主観が関わってきます。簡単に言えば**「面白そうかどうか」**です。アンケートには決まった設問のほかに、商品の使い方や使うシーンなどを自由に書いてもらう欄も設けます。それを一つひとつ読み込んでいき、面白そうな人を探します。

定量情報を元に絞りこんだ人たちのアンケートの自由回答をチェックしていきます。その中から面白そうな人を探し、**最終的に10人くらいまで候補を絞り込みます**。とはいえ、そううまく見つからないときもあります。面白そうだと感じる人が少ないのであれば、もう一度定量情報でのフィルタリングに戻り、基準を変えたり緩めたりして、より多くの人のアンケートをチェックしていきます。

最後はみんなで決めることが大事

エクストリームユーザー探しの最終段階では、複数の担当者で意見を出し合って、さらに人数を絞っていきます。

定量情報と定性情報で絞り込んだ10人全員に訪問観察インタビューができればいいのですが、時間的にも予算的にも限りがあります。それに対象が多過ぎると、そこから発見したインサイトも膨大になってしまい、収拾がつかなくなってきます。現実的に考えれば、最終的に5人くらいに絞り込むのがちょうどいいでしょう。

10人の中で、特に面白いと感じるのはどの人か、担当者1人で決めるのではなく、ある程度の人数で話し合うことが大切です。常識や価値観は人それぞれです。自分が「この人は常識と違う、突飛な考えの人だ」と感じても、ほかの人たちからは「いやこんな人は意外といるよ、普通だよ」と言われることもよくあります。たまたま**自分が常識から外れていて「面白い」と感じただけで、大多数の人にとっては普通のこと、という場合もある**わけです。

ただし、あまりこの過程に精度を求める必要はありません。ここまでお話ししたように、エクストリームユーザーに出会うのは容易ではありません。だからこそ**「数打つ」ことが大事**になってきます。

面白い人を探し続け、「見つからないな」といつまでも時間を費やしてしまうより

「新しいカップ麺」開発でのエクストリームユーザー候補

典型的カップ麺ジャンキー

●40代男性独身
●公務員
●一人暮らし
●趣味は読書
●カップ麺をほぼ毎日食べている
●「カップヌードル」「赤いきつね」を非常に好きと回答
●昼食、夕食、夜食などで食べているが、朝食は該当しない
●お金節約のためにカップ麺を食べているわけではない
●1日5食以上食べたことがある強者
●お湯を少なめにして、長い時間をかけて軟らかめにして食べることが好み。特にうどん系と「カップヌードル」カレー味に当てはまる

カップ麺はデザート！

●40代女性独身
●事務アシスタント
●一人暮らし
●趣味は競馬、カラオケなど
●カップ麺を週2～3回食べている
●朝食でもカップ麺を食べる
●カップ麺は「おやつ」「副食」的位置付け。甘いものではないおやつが欲しくなったときにちょこっと食べて満足できるカップ麺は、食後のデザートだと回答
●母親が「カップヌードル」大好き。そういった家庭で育った原体験がある。
●「カップヌードル」カレー味、シーフード味、「とんがらし麺」には必ずと言っていいほど、とろけるミックスチーズを山盛りにかけてからお湯を入れて食べる。固い麺が大好きなので、時間短めで食べるのがベスト

は、**「ちょっと風変わりな人がいるから見に行こうか」といった感覚で次の段階に進んだほうが、結果的に近道**です。アンケートではすごく面白そうだったのに、実際にインタビューしてみるとそうでもなかったり、その逆の場合もあったりします。基準を厳しくし過ぎるのではなく、フットワークを軽くして進みましょう。

「思い込み」が探索の邪魔をする

自宅訪問での観察が必須

数人のエクストリームユーザー候補を選定したら、訪問観察インタビューに進みます。「なぜそんな使い方をするのか」「なぜその商品を好きなのか」を直接聞き、実際に商品を使っているところを見せてもらいます。

観察インタビューの場所は、エクストリームユーザーの自宅です。なぜそこまでするのか、と思われるかもしれませんが、どれだけ丁寧にインタビューをして、行動を観察しても、インサイトを見つけるためには不十分だからです。

まず、**本人の発言と実際の性格や本音は、少なからず一致しないところがあります。**

例えば「はじめに」でお話ししたAさんは、アンケートで「趣味は読書」と答えていたのに、自宅には数冊の旅行雑誌しかありませんでした。本人の理想は「読書家の自分」なのでしょうが、現実には読書家ではない。であれば少し見栄っ張りな性格なのかもしれない。そういったことが自宅を見ることでわかります。

それに、**自宅の〝モノ〟や〝暮らしぶり〟には、本人も自覚していない心理が現れます**。そこにインサイトの種が隠されている場合も少なくありません。インタビューと合わせて、部屋やキッチン、場合によってはトイレや浴室まで観察を行います。

もちろん、訪問観察を依頼して断られるケースもありますが、モニターとしてアンケートに答えてくれているのであれば、受けてくれる可能性は高くなります。「あなたの満足する商品を作ります。そのために力を貸してください」と言われれば、協力する気になる人も多いのではないでしょうか。

ただし、本書の執筆時点（2020年8月）では、新型コロナウイルスの影響で自宅訪問が難しくなっています。その場合はエクストリームユーザーに自宅でリモートでインタビューを受けてもらい、自宅のさまざまな箇所をユーザー自身に映してもら

ある人物のＣＴ画像

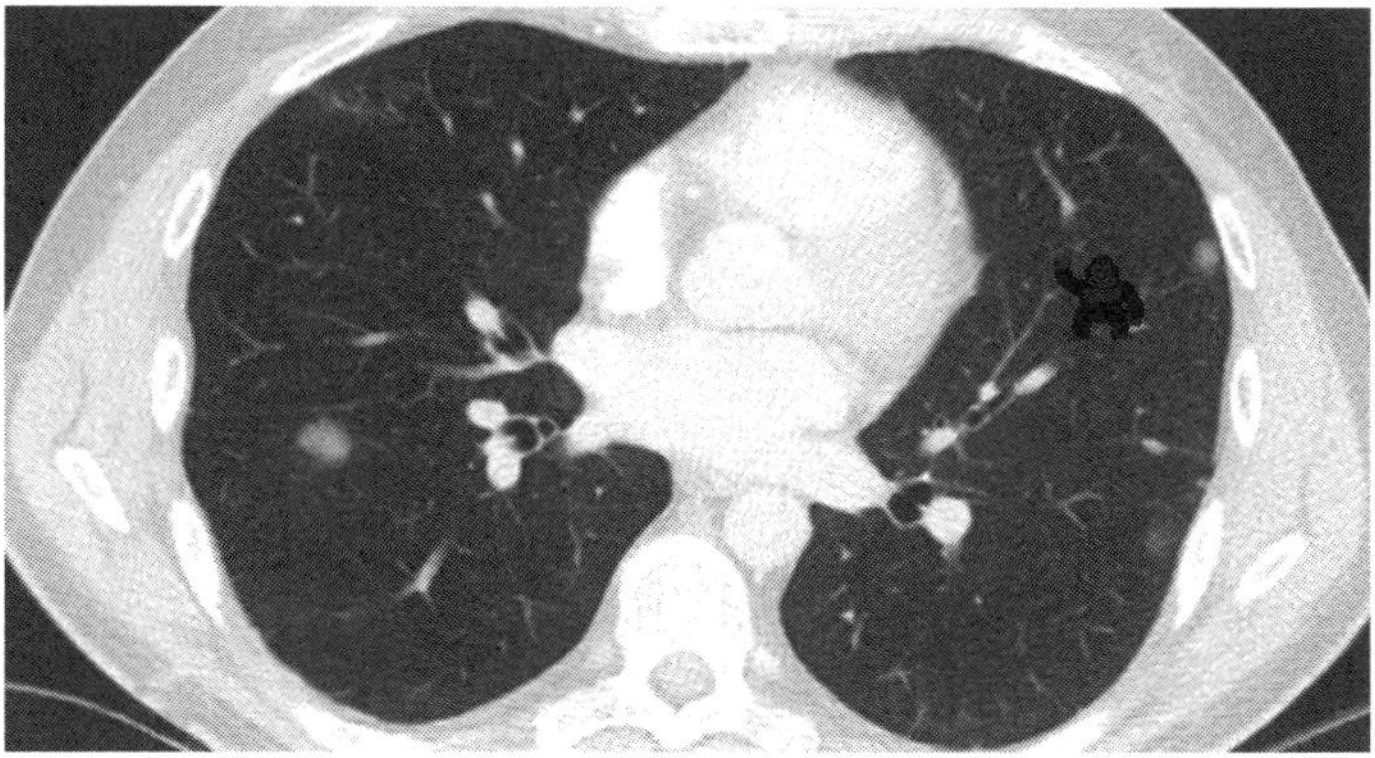

by Apexlee

う、といった方法も考えられます。

過去の経験が偏った見方を生む

突然ですが、上の写真を見てください。ある人物の胸部ＣＴ画像です。

では、そのまま次のページの写真を見てください。

みなさんは1枚目の写真でゴリラを見つけることができたでしょうか。

ボストンにあるブリガム・アンド・ウィメンズ病院の心理科学チームはこんな研究をしました。

ある人物のＣＴ画像

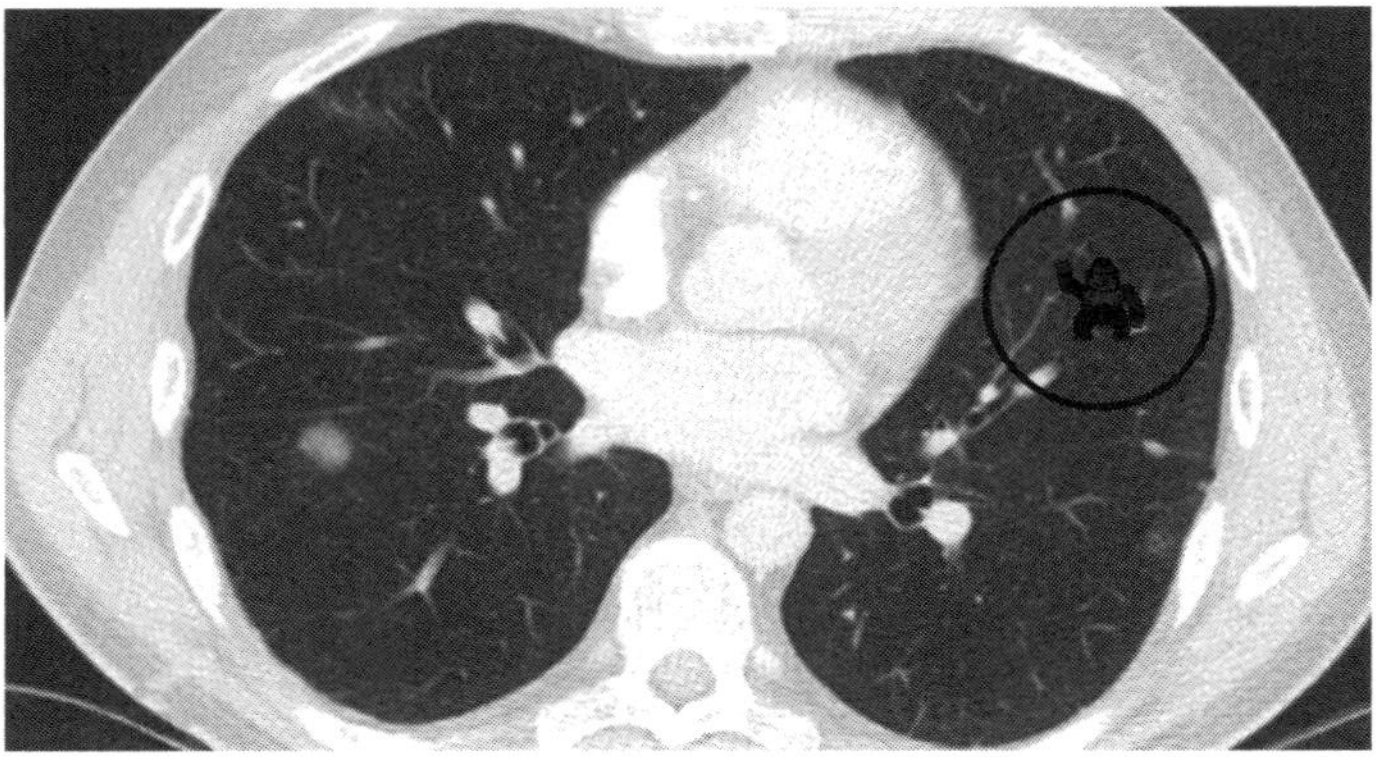

by Apexlee

被験者である放射線科医24人に5枚のCTスキャン画像（実験用に作られたフェイク。ここに掲載した画像はそれを模したもの）を見せ、被験者の目の動きを追跡。それぞれの画像には約10個の小瘤が隠されており、放射線科医は、小瘤を見つけたらその箇所をクリックするように指示されていました。

そして5枚目の画像には、小さなゴリラが隠されていました。果たして放射線科医はゴリラに気付いたのでしょうか。

この実験に制限時間は設けられていませんでした。好きなだけ探していいわけです。小さなゴリラとはいっても小瘤と比較するとゴリラのほうが大きい。約48倍のサイズです。まさか気付かないはずなどないと思いますが、なんと24人中20人、**実に83パーセントに当たる放射線科医が、ゴリラの存在に気付きませんでした**。興味深いことに、視線の動きを分析すると、きちんとゴリラの個所を捉えていました。それにもかかわらず、ゴリラを認識できなかったのです。

読者のみなさんの多くは、1枚目の写真でゴリラを見つけることができたのではないかと思います。しかし、放射線科医たちの目には映らなかった。これは彼らが小瘤を探していたからです。**限られた意識だけで物事を見ると、それ以外の部分を見落としてしまう**のです。

人は育っていく過程で、さまざまなことを経験します。それをもとに、大人になるにつれて考え方のクセのようなものが出来上がり、物事の見方にも大きく影響します。これがせっかくのヒントを見落とす原因になります。

「子どもはイノベーションの天才だ」とはよく言ったものです。思い込みによってつくられた**「当たり前」を当たり前ではないと捉えることが、とても大切**なのです。

観察者は必ず複数で

ユーザーの観察において最も大切なのは、自分の思い込みを排除すること。それをお伝えしたくて、先のような実験を紹介しました。

目の前にある風景やエクストリームユーザーの発言を「こんなものだ」と思ってしまえば、それ以上の発見はありません。**自宅に置いてあるモノ、インタビューの何気ないひと言に、ヒントが隠されています。**

とはいっても、1人ではどうしても思考に偏りが出てしまいます。そこで訪問観察インタビューは、必ず複数の人間、目安としては3~5人で行います。

1人での訪問観察インタビューでは、せっかくインサイトの種が見えていてもインタビュアーのアンテナに引っ掛からなかったり、逆にそれほど珍しくない行動を必要以上に面白いと捉えてしまったりします。

同じ行動を見て1人が気に留めなかった一方で、別の1人は珍しいと気になるとい

観察の注意点

思い込みを排除すること

①観察した事柄に対し、自分だけで正解を求めない
②気になった言葉・行動・環境についてメモを取る
③自分が感じたこともメモ
（記憶するのではなく、その瞬間に）
④気になることは対象者に話を聞く
（自分でインタビュー）

うことは往々にしてあります。それをみんなで共有することで、インサイトのヒントを見逃さないようにします。

また、**観察者はなるべく多様な人を揃えます**。男性と女性、異なる部署など、より発想の枠を広げておきます。できれば、エクストリームユーザーの属性に近い人もメンバーに入れます。20代の女性の家に中年男性ばかりで行ったところで、本音は出てきません。同世代の女性がいるだけで、エクストリームユーザーも本音を話しやすくなります。

最大の目的は「人」を知ること

まずは日常生活を広く浅く聞き取る

訪問観察インタビューにかける時間は、ケースバイケースですが、**2時間が目安になります**。まずは最初の30分から1時間弱を使って、その人の基本情報を聞いていきます。家族構成、仕事内容、平日の過ごし方、休日の過ごし方、趣味など、日常生活を広く浅く探ります。

これはエクストリームユーザーという人物を理解したいからです。インサイトは、表面上の言動には表れづらい、その人の奥底にあるものです。普段の生活環境や経験から出来上がるものであり、人物そのものを深く知ることができなければ、そのヒントを見つけることはできません。

対象の**〝人となり〟を知るために、どんな人かをインプットしていくイメージ**です。訪問観察インタビューの目的は、インサイトに繋がる材料を集めることですが、実際にエクストリームユーザーがどんなインサイトを持っているのかを考えるのは、次の「コンセプト創造」の段階です。

訪問観察インタビューでは、とにかく人を知ることに徹底します。そこにはたくさんのヒントが隠されています。後にそれをみんなで振り返り、検証することでインサイトを創り出します。そしてインサイトを満たす商品を具現化する段階で、自分の中にインプットしたエクストリームユーザーの人物像が「あの人はどうすれば満足するだろう」という基準の土台にもなるのです。

エクストリームユーザーをより詳しく知るため、どんな商品を開発するための調査なのかといった詳しい目的は、最後まで本人には明かしません。なぜなら、**具体的なゴールを知ってしまうことで、本音が出づらくなる**からです。「この質問が商品にどう繋がるのか」と考えてしまい、無意識のうちに〝役立ちそうな答え〟を探してしまいます。答えはエクストリームユーザーに教えてもらうものではありません。エクストリームユーザーの人間性を元に、みんなで創り上げていくものなのです。

気になったことを「なぜ？」で深掘り

ある程度人物像を理解したところで、インサイトに繋がりそうなことを直接聞いていきます。「なぜそんな使い方をしているのか」「何がきっかけなのか」といったことです。そうして1つでも多くのインサイトを拾い集めていきます。

インタビュー全体を通して、気になったことにはすべて**「なぜ？」「どうして？」**と尋ねます。観察者である自分と感覚がズレているから「なぜ？」が出てくるわけです。そこにインサイトのヒントが隠されています。後からまとめて聞こうとすると、気になったことを忘れたり、「なぜ？」という感覚が薄まったりしてしまいます。時には相手の話を遮《さえぎ》ってでも、**その場で具体的に聞いていきます**。

細かなテクニックとしては、〝お客様扱い〟をするとお互いに気を遣って本音を引き出せなくなるので、杓子定規《しゃくしじょうぎ》なインタビューにはしません。友人と話すようにフレンドリーなしゃべり方と笑顔で接し、打ち解けてもらうための空気づくりをしていきます。

その中では、意図的に多少失礼なことを突っ込んで聞くこともあります。答えを知りたいということもありますが、それよりも質問に対する反応を見て人間性を知るためです。また、普通だったら聞きづらいようなことを聞くことで、エクストリームユーザーに「自分の内面を知りたがっているんだな」と感じ取ってもらいたいという理由もあります。

ただ無理に「なぜ？」を繰り返したり、失礼な聞き方をしたりする必要はありません。第一の目的はエクストリームユーザーの人間性を理解することであり、無理やりインサイトの糸口を見つけることではありません。フラットな感覚で単純に気になることを質問するイメージで大丈夫です。**出会ったばかりの人のことを知りたいと思い、ついあれこれ聞いてしまう感覚と同じ**です。その人自身を知りたいと思う、興味があるから聞くのです。

自宅に人間性が表れる

インタビューをしながら、**自宅内の観察も同時に行います**。基本的には役割分担をして、1人がインタビューを始めた最初の10分くらいの間に、別の観察者が家の中を観察して、面白い部分や気になる所を探します。「なぜこれを持っているんだろう」「なぜこれをここに置いているんだろう」「なぜ壁にこれを貼っているんだろう」と、自宅観察で見つけたことについてもインタビューしていきます。

また本人に自宅内での自分のこだわりを聞いて、その場所を見せてもらいます。例えばお気に入りの部屋、入念に掃除する場所などです。ベッドルームでも洗面所でもどこでも構いません。

ここでも気になったことを聞いていきます。なぜ好きなのか、どんなこだわりなのかです。ひと口に「キッチンにこだわっている」と言っても、食器にこだわっている人もいれば調理器具にこだわっている人もいます。こだわりの場所には本人の人間性が強く表れると言えます。

このように自宅を観察することによって、発言からは見えない、エクストリームユーザー本人のライフスタイルや価値観、その背景が見えてきます。そうしてより深く人物を知ることができ、インサイトも多く集まります。

また、自宅観察では、本人に許可を取って、気になる所の録画や写真撮影も行います。これは後の振り返りや、自宅訪問に参加しないメンバーとの情報共有のためです。この点については、改めて第4章でご説明します。

訪問観察の後はすぐに共有

訪問観察インタビューが終わったら、すぐに訪問した観察者全員でディスカッションをします。できればエクストリームユーザー本人にも参加してもらえると、より効果的です。

人は1時間も経つとたいていのことは忘れてしまいます。強烈なインパクトのある事象は覚えていても、細かな部分はどんどん記憶から抜け落ちていきます。訪問観察インタビューを通して感じたことを忘れないうちに出し合い、エクストリームユーザーがどんな人だったかという人物像をみんなで理解することで、認識を揃えます。

ディスカッションをする中で、**「気付きの掛け算」**が生まれます。1人が気付いた事実に対して、別の人がこういうことなのではないかと背景に気付く。あるいは別の事実との関わりに気付く。そうして可能性がどんどん膨らんでいきます。

注意点として、**この段階では、「これを元に考えたら新商品になるんじゃないか」といった考え方はしない**ようにします。先ほどお話ししたように、ここで大事なのはエクストリームユーザーを知ることであり、その先の答えは求めません。商品開発に使えるか、使えないかは一切考えず、とにかくたくさんの情報を探っていきます。

訪問観察インタビューの最中も、直後のディスカッションの段階でも、つい観察者の思いや考えが入りがちになります。「こういうタイプの人ってこういうこと言いがちだよね」「よくこういうモノを持ってるよね」と対象をステレオタイプに決め付けるのはNGです。

訪問観察インタビューの目的は第一にフラットな視点での事実のインプットです。

訪問観察インタビュー後にすぐ共有（アウトプット例）

プロフィール

- 40代男性。都内の寮に居住（２年経過）※出身は大阪
- 公務員
- 仕事が忙しい（平日はほぼ終電帰り）
- 既婚（単身赴任で一人暮らし／家族がいる雰囲気はなし）
- 趣味・休日の過ごし方：読書（旅行の本）や日帰り温泉旅行（月１～２回）
- その他：３カ月に１回程度、岐阜の家族に会いに行く
- 性格：淡々としている

食事

- ほぼ外食およびコンビニ
- カップ麺を食べるときは【酔っぱらっているとき】【疲れが溜まっていて簡単に食事を済ませたいとき】が多い
- 血圧やコレステロール値から医者に止められ、少し食べる頻度が減った
- 食感へのこだわりが強い。お湯を入れて８分ほど待って麺を軟らかくして食べるのが好き。味の付いた麺が好き
- 時間は大まかに計る。普段は待っている間に、着替えたりしているとちょうどよい時間になるイメージ
- 半分くらい食べたらスープが見えるくらいがちょうどいい
- スープは飲まない。スープは体に悪いという親の教え。かやくも気に入ったものしか食べない
- 縦型容器が好きではない。深底で食べにくい

その他気付き

生活環境面

テレビがなくPCも古い	常にベッドの上にいそうスペースなし	ほこりが多い
ハンガーの向きが揃っている	家族の写真なし	近くに友達はいない

感じたこと

シャイ目を見て話さない	ひと口の量が多い	箱買い好き	ジャンクフード好き
食への関心が薄い	変化を求めない	子ども時代の味覚への肯定	罪悪感を楽しむ

「面白そうだな」という主観は大事にしますが、そこで得た情報を加工してはいけません。次章のワークショップの段階になって初めて、このインプットを元にインサイトを創り上げていくのです。

定義設定に合ったエクストリームユーザーを探す

収入が高いのに毎日カップラーメンを食べる

「はじめに」でご紹介した「定番かやくオールスター」のコンセプトは、新しいカップ麺を開発するプロジェクトの過程で創り上げたものです。本章全体のイメージを掴んでいただくために、このケースを例に、エクストリームユーザーとの出会いから訪問観察インタビューまでをご説明します。

われわれが持つモニターにアンケートを行ったところ、「カップラーメンをほぼ毎日食べている」と回答していた男性がいました。プロフィールを確認したところ、2

年前から東京で単身赴任をしている既婚者の40代男性。公務員で同世代の平均よりも年収は高く、可処分所得は月20万円以上あります。**決して貧しいわけではないはずなのに、毎日カップラーメンを食べている**というギャップを興味深く感じました。

さらにアンケートの自由回答欄を読んでみると、通常はお湯を入れて3分待ってカップラーメンを食べるはずですが、**「お湯を入れて8分くらい待ち、軟らかくさせて食べるのが好き」**とありました。複数のプロジェクトメンバーで「この人面白いね」と意見が一致し、訪問観察を依頼しました。

彼は公務員の寮に単身赴任しており、会ってみるといたって普通の男性でした。ワンルームのキッチンには普通のガスコンロではなく、カセットコンロがありました。キッチン用品はほかにヤカンくらいしか見当たりません。冷蔵庫の中もほとんど食材が入っておらず、料理はほぼしていないと言います。

室内にはテレビがなく、パソコンはありましたが古い型のものでした。狭いワンルームでベッド以外のスペースがほぼないため、ずっとベッドの上で過ごしていそうな雰囲気です。

自宅を観察しただけでは、特に面白いことはありませんでした。読書が趣味だという割に本がなかったのは面白そうなギャップでしたが、それくらいでした。

話を聞いてみても、際立って珍しいことはありません。平日は仕事が忙しくほぼ終電帰り。家族は岐阜県に住んでいて3カ月に1回程度会いに帰るそうですが、特に写真などは室内に飾っていない。東京には友人もいない。人の目を見て話さず、シャイで淡々とした性格の男性でした。

カップヌードルのエビは好き。ほかは駄目

ひと通りのインタビューを終えたところで、実際にカップラーメンを作って食べてもらいました。タイマーで8分間計るのかと思えばそうではなく、だいたいの感覚で待つそうです。フタを開けてスープが麺に吸われて見えなくなっていたら食べ頃なのだと言います。

それだけこだわっているのに、麺しか食べず、かやくは残していました。残ったスープも飲みません。

かやくを残した理由を聞くと、「かやくには好きじゃない具があって、それは食べたくない」と言います。詳しく聞くと、日清食品の「カップヌードル」のエビだけは好きだということでした。

さらにカップ麺自体にも好き嫌いがあり、東洋水産の**「マルちゃん」のうどんは好きだけれど、ほかのカップうどんは駄目**なのだそうです。われわれの感覚ではカップうどんにどれほどの違いがあるのかよくわかりませんが、彼にとってはダシを吸ったうどんの味が違うそうです。

また、「なぜスープを残すのですか？」と聞くと、「体に悪いからです」と言います。「なぜ体に悪いと思うのですか？」の質問には「子どもの頃、母が『スープは体に悪い』とよく言っていたから」という答えが返ってきました。

Aさんにとって、かやくやスープを残すことはいたって普通のことで、改めて他人から理由を聞かれて少しびっくりしていました。**本人も、この行動が珍しいということに気付いていていなかった**わけです。

訪問観察インタビューを終えてから、メンバー同士でそれぞれが感じたことを話し合ってみました。風変わりなカップラーメンの食べ方、会話中に「母が」というフレーズがよく出てくること、実際にはしていない読書を趣味だと言って見栄を張る性格。さまざまな気付きがあり、エクストリームユーザーとしてとても面白い人物だということになりました。そこから「定番かやくオールスター」など4つのアイデアに繋がったのですが、その過程については第4章以降でお話しします。

ポットがあるのに鍋でお湯を沸かす

カップラーメン開発のプロジェクトでは、もう1人、女性のエクストリームユーザーBさんを見つけ、訪問観察インタビューを行いました。

Bさんもわれわれのモニターの1人で、自由回答欄に**「カップ麺はデザート」**と書いていました。食べ方はAさんとは真逆で、カップから溢れるくらいに粉チーズを入れてからお湯を注ぎ、ご飯の後のデザートとして食べるのだそうです。カップ麺をおやつ代わりに食べる女性とはどんな人だろう、と自宅訪問しました。

実際にカップラーメンを食べてもらうと、確かにアンケート通りの食べ方をするのですが、特にそれ以上の驚きはありませんでした。なぜそんな食べ方をするのかを聞いても、アンケート以上の答えは返ってきません。
自宅に何か面白い点がないかと探すと、キッチンに冷蔵庫が2つありました。理由を聞くと、1つには普通に食品を入れていて、もう1つは「お酒が大好きだから」ということで、お酒を冷やすために使っていました。

そこでBさんのインサイトからは「お酒と共に味わうラーメン」というコンセプトを創りました。しかしこの段階で、実際にインタビューをしたわれわれには、Aさんのほうが面白いという感覚がありました。もちろんBさんも興味深かったのですが、**当初予想もしていなかったAさんのこだわりに比べると、広がりがないように感じた**のです。社内検討した結果も、Aさんのコンセプトのほうが面白いということでBさんの案はボツになりました。

しかしBさんには、カップラーメンの開発には直結しませんが、別の部分で面白い点もありました。
Bさんにカップラーメンを作ってもらうとき、当然目の前にあるポットでお湯を沸かすと思っていたのですが、鍋でお湯を沸かし始めました。「なぜポットを使わないのですか?」と聞くと「ポットの内側に水道水のカルキが付くのが気になる」と言うのです。

調理家電の開発のための訪問観察インタビューであれば、「カルキが絶対に付かないポット」のようなアイデアに結び付けられたかもしれませんし、深掘りすればもっと面白いインサイトを見つけることもできたでしょう。**たまたまカップラーメンだったから実を結ばなかった**わけです。

シンクに熱湯を4回かける

また別の例として、以前、「新しいキッチングッズや台所用品を作る」という定義設定で、「キッチンのエクストリームユーザー」に訪問観察インタビューをしたことがありました。対象は50代の女性です。

自宅のキッチンで実際に調理してもらい、後片付けが終わったタイミングで、彼女は台所のシンクにポットで沸かした熱湯を4回ほどかけました。

なぜそうしたのかを尋ねると、「熱湯消毒をしている」と言います。「なぜシンクを熱湯消毒するんですか？」と聞くと、「以前食中毒でひどい目に遭ったので、念には念を入れるため」と答えました。

調理器具を消毒するのはわかりますが、シンクまで念入りに消毒をするというのは珍しい、と訪問観察インタビューをした3人の意見が一致しました。最終的にこのインサイトを元に「台所を清潔にするためにスチームで高温消毒ができる」というキッチン用品のアイデアを創り上げました。

このように、**面白いと思って観察を行った結果、それ以上に面白い点を見つけることもあれば、予想を超えないこともあります。当初の想定とは別の面で興味深い点を見つけることもある。**本当にさまざまです。だからこそ、定義設定に合ったエクストリームユーザーを探すことが大事であり、フラットな、思い込みのない視点での観察が必要なのです。

大きなビジネスチャンス

ＳＤＧｓ達成によってもたらされる市場機会の価値は年間12兆ドルにも上ります。なぜこれほど大きなビジネスチャンスとなるのでしょうか。

端的に言えば、ＳＤＧｓに取り組む企業は投資してもらいやすい、また、大企業と取引がしやすくなるという点があります。

２０１５年にＳＤＧｓが採択されたことで、投資家は環境や社会に配慮している企業に投資をするようになってきています。その背景としては、２００６年４月に当時の国連事務総長が機関投資家に対して責任投資原則（ＰＲＩ）を発表したことも影響しています。ＰＲＩは、機関投資家が投資を行う際に、環境（Ｅ：Environment）、社会（Ｓ：Social）、企業統治（Ｇ：Governance）の３つの要素、いわゆるＥＳＧを投資対象の決定に取り組むことを求めました。

こうした流れを受けて、２０１８年の世界のＥＳＧ投資は、２０１６年の22兆８９００億ドルから34・0パーセント増の30兆６８３０億ドルに増加しています。世界全体の投資総額に占めるＥＳＧ投資の割合は、２０１６年に約４分の１だったところから２０１８年には約３分の１になっています。

日本ではさらに劇的な変化が起きています。２０１４年のＥＳＧ投資はわずか70億ドルでしたが、２０１６年には約68倍の４７４０億ドル、２０１８年には約３１０倍の２兆１８００億ドルとなりました。投資額全体に占めるＥＳＧ投資の割合は、２０１２年の０・２パーセントから、わずか６年後の２０１８年には18・３パーセントと、急激に比率を高めています。

大企業と取引しやすいとはどういうことか。すでにトヨタやリコーなどは、「ＳＤＧｓの活動をしている企業でなければ、取引をしない」と宣言しています。そのため中小・零細企業も取り組まざるを得ない状況となっています。これは世界的な潮流であり、すべての企業にとって対岸の火事ではありません。取引企業に突然「御社はＳＤＧｓの取り組みをしていないから」と契約を打ち切られる可能性は大いにあるのです。

これを逆の視点で見ると、ＳＤＧｓがビジネスチャンスになるということです。ＳＤＧｓをアピールポイントとする企業は、今後新たな取引先として選ばれやすくなるでしょう。

第4章

ユーザーを巻き込んだ商品開発
――プロセス③「コンセプト創造」

団体戦で勝負する

天才ではなくてもイノベーションは生み出せる

エクストリームユーザーの訪問観察インタビューを経て、「共創ワークショップ」で新商品のコンセプトを創り上げていきます。

新商品開発のための調査が終わった後、その結果についての議論が不十分なまま次の段階に進む企業が多く見られます。リサーチ会社に依頼をして、その結果を担当者と上司で確認する程度です。

われわれがクライアントから依頼を受けても、ワークショップの重要性を最初は理解していただけないことがありますが、ここが絶対に大事なのだとわかってもらうように努めます。

フラットな視点でインサイトのヒントを集め、それをみんなで議論しながら具体的に創り上げていく、その過程で**たくさんの視点が入ることが重要**です。それが不十分であれば、インサイト・ドリブンでスタートできても、結局従来のやり方と変わりません。**ワークショップの意義は、その中身よりも、「みんなでやる」ことのほうが大きい**と言えます。

「共創」の概念を重要視している日本企業が、デジタルアートミュージアムなどを世界で展開しているデジタルコンテンツ制作会社チームラボです。東京大学卒業と同時に同社を設立した代表取締役の猪子寿之《いのことしゆき》さんは、次のように述べています。

「社会に新たなものを生み出すには、個人が自分だけで1つのものづくりに没頭する『分業』ではなく、互いに影響し合いながら共同的にものを創造すること、つまり『共創』が最も重要だと考えてきたし、そういう場としてチームラボをつくった」

※『101人が選ぶ「とっておきの言葉」』（河出書房新社）より抜粋

世界に目を向けると、Ｇｏｏｇｌｅも「共創」の方法で企業運営をしています。スマホ市場などでＧｏｏｇｌｅと凌ぎを削るＡｐｐｌｅについて語られるときは、スティーブ・ジョブズの偉業にスポットライトが当たります。しかしＧｏｏｇｌｅの代表的な人は誰か、と問われてすぐに名前が出てくる人は少ないと思います。

同社は基本的に、メンバーみんなでアイデアを出して決めるやり方をしています。さらにその成功には、共創により生み出される「コレクティブジーニアス」という概念が大きく影響しています。

これは日本語で「集合天才」と訳される経営論で、「1人の天才に頼るのではなく、組織やチームで新しいアイデアを生み出す」という考え方です。さまざまな人材を活用し、メンバーの才能を集結して集団の力を最大化させる。言い換えれば「3人寄れば文殊《もんじゅ》の知恵」。複数の人が集まって知恵を出し合うことで、イノベーションを起こすことができるということです。

私たちが考えるイノベーションの生み出し方も、これらと同様です。なぜ共創やコレクティブジーニアスが大切なのか。それは世の中に天才はほとんど存在しないからです。凡人が新しい価値を生むためには、**それぞれの長所を生かした〝みんな〟のチームワークで創出していく**しかありません。

いわゆるワンマン社長やトップダウン、強力なリーダーシップを否定しているわけではありません。それとは異なるベクトルで、イノベーションを創り出すための視点が必要とされているのです。

ワークショップの「4つの構成要素」

ワークショップは、ただ人が集まってやればいいということではありません。効果を最大限に高めるために、われわれは**「4つの構成要素」**と**「4つの守るべき性質」**を重視しています。

まず、4つの構成要素とは、「プロセス」「メンバー」「ファシリテーション」「空間・環境」です。

プロセス

4つの構成要素で最も大切なことは「プロセス」です。どのように議論を進めていくか、時間割をしっかり決めてその通り進めていきます。ここが疎《おろそ》かになってしまうと、ワークショップそのものが中途半端に終わってしまいます。

ワークショップのプロセスは、大きく分けると次の通りです。本章では、この流れに沿って説明していきます。

①アウトプットの提示
②アイスブレイク
③インサイトの設定
④解決アイデアの具現化

じっくりと腰を据えて取り組むために、**ワークショップには最低でも2日間の時間が必要**です。その中でゴールに向かうために、ワークショップのストーリーを考えて時間配分を検討します。

参加メンバーの顔触れを考慮しながら、「アイスブレイクでこれをやろう」「チームワークの結成に多めに時間を取ろう」「インサイトを構造化しないとアイデアが出づらそうだからKJ法（膨大な情報をカードや付箋に記入し、それを同じ系統ごとにグループ化して整理・分析してまとめていく方法）に時間をしっかり費やそう」などと時間配分を考えます。

メンバー

定義設定のワークショップ同様、なるべく多様なメンバーを集めます。さらに**開発担当者だけでなく、エクストリームユーザー、さらにそのほかの一般ユーザーにも参加してもらう**のが理想的です。

ここから先の商品開発は、基本的にエクストリームユーザー本人が満足するものを作る過程になります。エクストリームユーザーの参加が難しい場合は出来上がったコンセプトやプロトタイプの検証をしてもらうことになりますが、その本人がワークショップから参加しているほうが効率的で確実です。

さらに一般ユーザーが参加することで、より発想の枠が広がります。基本はエクストリームユーザー個人に合わせて考えますが、本人が明確に判断できるとは限りませんし、別のユーザーの視点が、より多くのインサイトを発見することにも繋がります。複数生まれたアイデアを絞り込んでいく段階でも、ユーザーの視点が役立ちます。

担当者だけで考えると、どうしても固定観念が強くなってしまいます。斬新なアイデアが生まれても、「コストがどうなるのか」「自社の設備や人員で作れるのか」などといった考えが無意識のうちに発想の枠を狭めてしまいます。

それに対して、ユーザーは固定観念がまったくない状態で自分たちの考えや意見を出してくれます。条件から発想するのではなく「新商品の価値」がどうあるべきか考えるため、純粋な人間中心設計のアイデアが出やすくなります。

一般ユーザーは、モニターの中から探して協力を依頼します。中には、参加しても発言しないという人もいます。できれば事前に1度面談をして、自分の考えをしっかり持っている人なのかどうか、自分の意見を話せる人なのかどうかを確認しましょう。

広く呼び掛けられる環境であれば、参加希望者を募るのも効果的です。われわれの経験からすると、「ワークショップに参加したい」と自ら応募してくれる人は、やはりそれなりの意見を持っています。

また、一般ユーザーたちのデモグラをあまり偏らないようにできればベストです。学生、主婦、教師、エンジニアなど、さまざまなデモグラの人たちに参加してもらうと、多様性のある考えや意見が出てきます。

加えて、**別の業界で商品企画の仕事をしている人がいると、とても有益なアイデアを期待できます**。通常、商品企画やマーケティングの関係者はユーザーの対象から外れるものですが、同じ業界でなければ歓迎です。

例えば食品業界が新商品を開発する手法は各メーカーで似通っていますが、家電メーカーの商品開発の方法とはまったく異なります。その2つが掛け合わさることで常識にない発見や気付きを期待できます。

われわれがご依頼を受ける場合、違う業界で商品企画を担当している人を探してほしいと希望されることもあります。参加する他業界の人たちにとっても、別業界の商品企画を参考にできるため有意義なようです。

こうした参加者たちから、複数のチームをつくります。アイデアの数が少ないと、その後頓挫《とんざ》したときに別の手段がなくなります。可能な限りたくさんのチームをつくりましょう。**1チームの人数は3人以上、ベストは4、5人**です。2人だと意見が対立したときにやりづらくなりますし、発想も広がりません。一方であまり多いと途中から発言しない人が出てきてしまいます。

ファシリテーション

ワークショップを行うためには、状況に応じて臨機応変にワークショップを進行・促進する「ファシリテーター」が必要です。

ファシリテーターには、主観的にならず、メタ的に全体をコントロールする役割が求められます。それぞれのチームの個性や長所を見極めながらいいアイデアが出るよう、冷静なファシリテーションを心掛けます。また全体的に楽しい時間、明るい空間となり、参加メンバーが楽しくワークショップに取り組めるようにしていきます。

複数のチームをつくる場合には2人以上のファシリテーターが必要です。1人が全体の進行をし、残りのファシリテーターが各チームにアドバイスをしていきます。チームで考え込んでしまい、議論が停滞しているときに、ファシリテーターが客観的な発言をすることで、思考が広がることがあります。時には敢えて議論を引っかき回す役目をする場合もあります。

ただし、ファシリテーターは自分の主観を挟み込んではいけません。「エクストリームユーザーはこういうことを言っていたよ」「こういうモノを持っていたよ」と、ヒントになる事実だけを述べます。

ファシリテーターはなるべく外部の人間に依頼しましょう。社内の人間がファシリテーションする場合、どうしても立場が上の人の意見が尊重されがちです。メンバーの立場に関係なく意見を出させるためのアプローチも、やはり外部の人間であるほうがベターです。いまはフリーランスのファシリテーターもいます。多少コストはかかりますが、結果的に外部に依頼したほうがうまく進むはずです。

空間・環境

近年、外資系企業やベンチャー企業では、社員の席が自由だったり、オシャレな家具が使われていたりと、遊び心のあるオフィスが増えています。あるいは休憩時間にテレビゲームができる部屋や昼食を作ることのできるキッチンを備えた企業もあります。これは従来のような堅苦しい空間ではなく楽しい雰囲気をつくることで、より自由に発想を広げるためといわれています。

ワークショップでも同様に、**なるべく普段とは違う場所で行います**。仕事感覚から解放され、「何を言ってもいい」「何を考えてもいい」という雰囲気を物理的に演出するのです。

自社内に新しいスペースを作らなくても、貸会議室やレンタルスペースで十分です。立って会議ができる部屋やオシャレなデザインの部屋など、最近は貸会議室のラインナップも多彩になってきています。

地理的にも、メンバーが普段使わない駅の近くなどを選ぶと効果的です。人は初めての場所に足を運ぶことで、精神的な部分にも変化が現れるといわれています。

このように、ワークショップでは空間・環境がとても重要です。可能な限り、普段とは違う場所、楽しい部屋でワークショップを行いましょう。

ワークショップの「4つの守るべき性質」

次にワークショップの「4つの守るべき性質」です。性質とはつまり考え方です。「共同性」「非日常的」「民主的」「実験的」の4つをメンバー一人ひとりが意識することが大切です。

まず**「共同性」**とは、コレクティブジーニアスにも通じる、個人の固定概念をそぎ落とす意識です。自分の常識から外れた意見が出たときは、否定するのではなくチャンスだと捉えましょう。**まず疑うべきは、自分の主観**です。

「非日常的」は先ほどの「空間・環境」にも通じますが、**遊び心を取り入れる時間にする**ということです。真面目一辺倒でワークショップに取り組むのではなく、笑顔で取り組むことのできる雰囲気づくりを心掛けましょう。

ワークショップの中で「これを言ってはいけない」などのルールはありませんし、

話が脱線しても問題ありません。往々にして、新しい価値のヒントは一見関係のないような話の中から生まれます。この後説明するように、ワークショップではアイスブレイクに長い時間をかけ、ゲーム的な遊びを取り入れます。これも「非日常的」を大切にしているからです。

「民主的」は文字通りの意味で、みんなの意見を平等に、同じ価値として取り入れるということです。特に立場の上下や年齢の差によって誰かの意見を否定する意識がないか、注意が必要です。**社長が言っても、新入社員が言っても、同じ価値のある意見**です。このことを忘れないようにしましょう。

最後に**「実験的」**とは、正解のない問いと向き合うことです。**トライ&エラーの精神で試行錯誤を繰り返します**。「やり直す」はインサイト・ドリブンで一貫して大切な姿勢です。

本質的なワークショップを行えるかどうかは、この「4つの構成要素」と「4つの守るべき性質」に集約されています。ワークショップを通して、常に意識してほしいと思います。

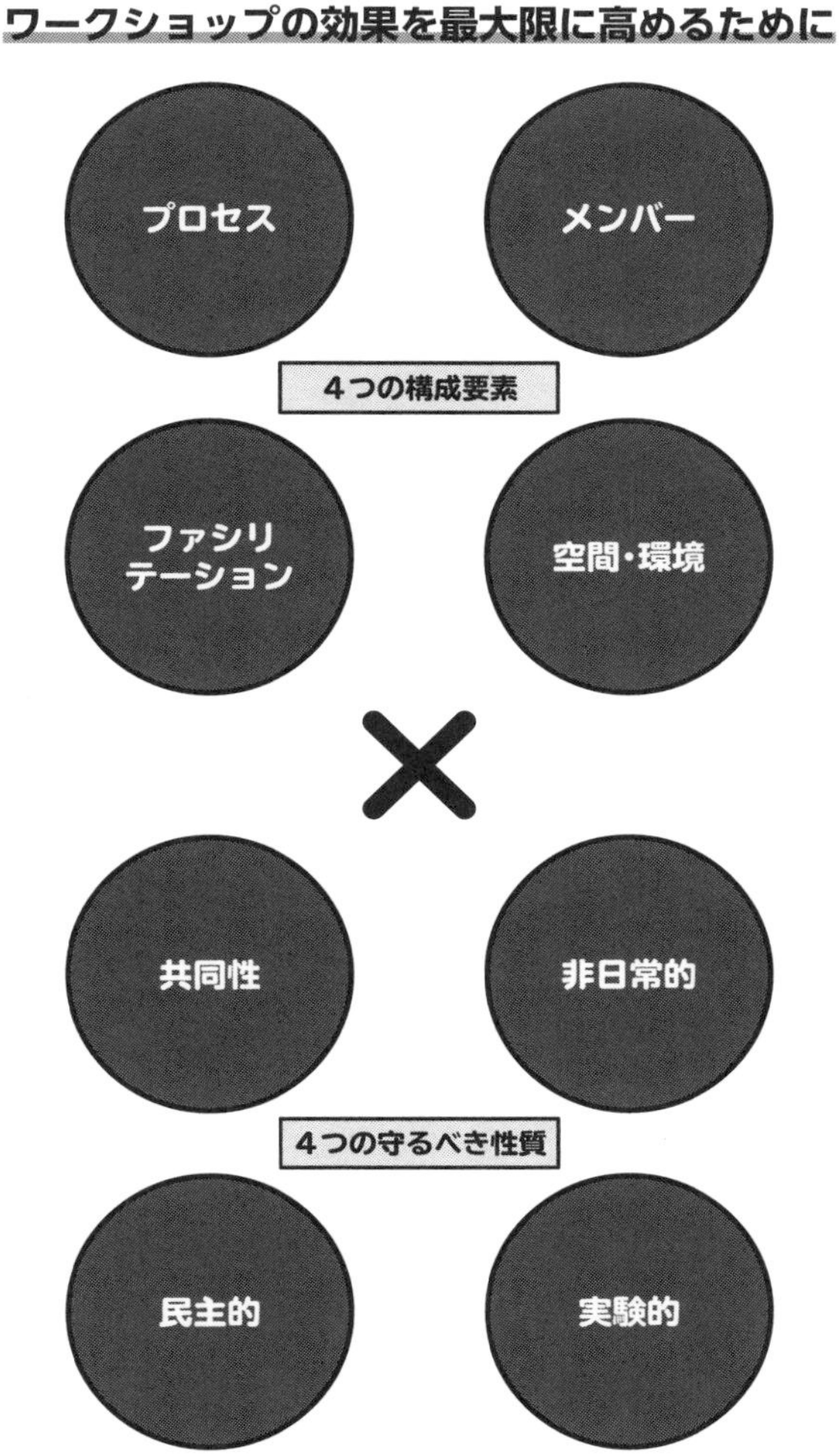
ワークショップの効果を最大限に高めるために
プロセス
メンバー
4つの構成要素
ファシリテーション
空間・環境
共同性
非日常的
4つの守るべき性質
民主的
実験的

ワークショップのプロセス①

「アウトプットの提示」

コンセプトシートに落とし込む

ここからは実例を交えて、共創ワークショップの具体的な実践方法をお伝えしていきます。

まず**大事なのが、「みんなでどこを目指すのか」というアウトプットを提示すること**です。ゴールをはっきり認識することで、参加メンバーが迷いなく進むことができます。

このワークショップのアウトプットは、インサイトを探索し、それを満たすためのアイデアを具現化したコンセプトを完成させること。具体的には、コンセプトシートに落とし込みます。

コンセプトシートに入れるべき基本要素は、「商品・サービス名」「商品・サービスの特徴、ベネフィットの説明」「ビジュアルイメージ」「ターゲットイメージ」「提供価値」です。ただし、これが必須というわけではなく、定義設定によっては省く要素もありますし、「インサイト」や「課題」、「利用シーン」などが加わる場合もあります。

「商品・サービス名」とは、新商品や新サービスの仮称です。最終的な商品名ではなく、聞いた人がその新商品をイメージできれば大丈夫です。

「商品・サービスの特徴、ベネフィットの説明」は、その商品がどんなものか、ユーザーにどのような利益や恩恵をもたらすものか、ということです。

ここはしっかりと考えて、きちんと言語化しておきたい部分です。基準としては、チーム外の人が見たときに、すぐに理解できるものであることです。ダラダラと説明するのではなく、ひと言で表現できるのが理想です。

「ターゲットイメージ」は、商品やサービスのターゲットとして、エクストリーム

コンセプトシートイメージ

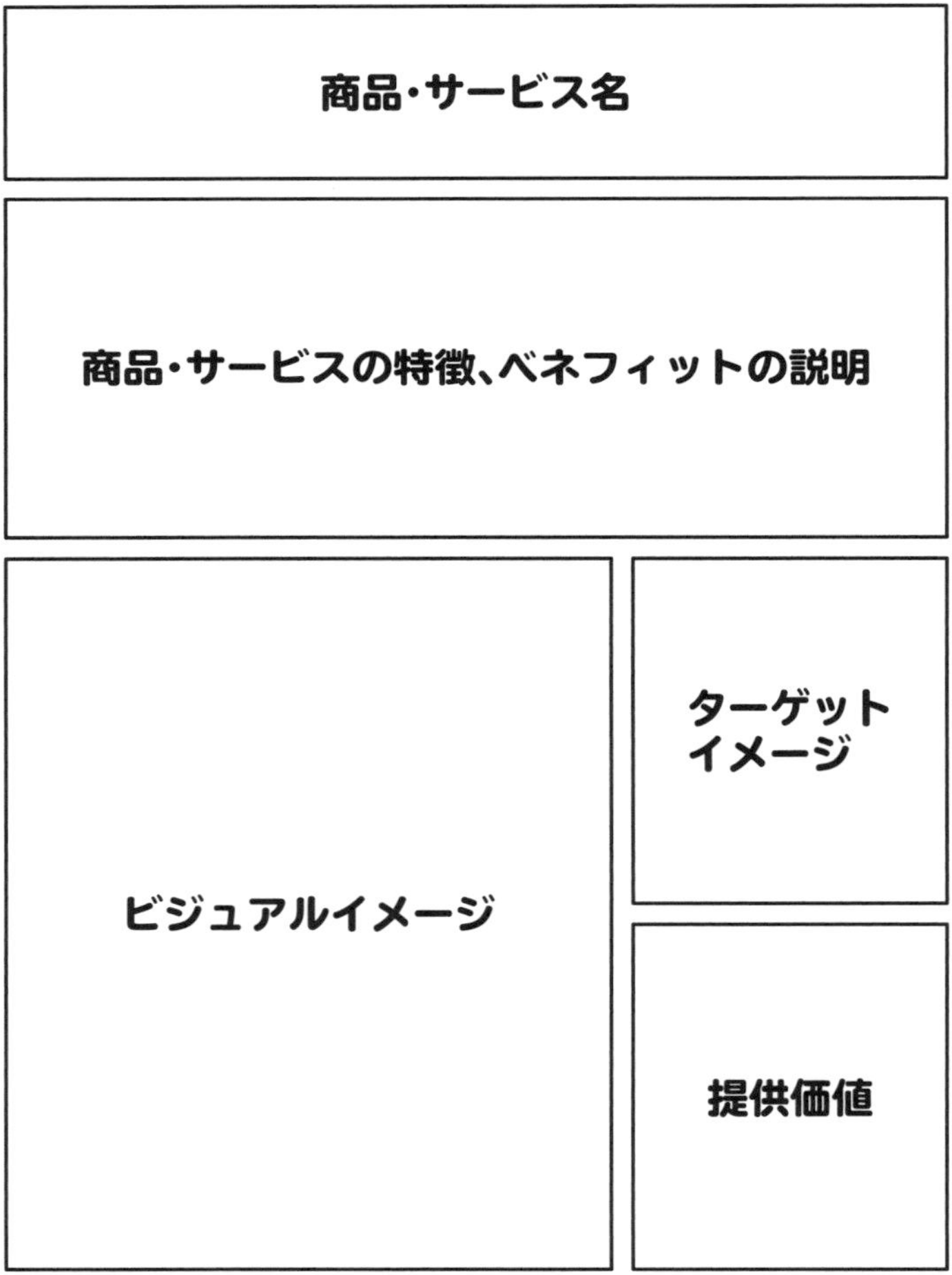

ユーザーに近い人を考えます。例えば、エクストリームユーザーが「ラーメン好きで、スープは残すけれど、本当は飲みたいと思っている45歳男性」であれば、「不健康だとわかっていても味の濃いものが食べたい人」といったターゲットイメージを考えます。

この順番を逆に、「こういう人に売りたい」と考えると、人間中心設計から外れてしまいます。あくまで対象はエクストリームユーザーであり、そこから出来上がった製品がどんな人に受けるかを考えます。

とは言え、この部分はあまり重要ではありません。インサイト・ドリブンではエクストリームユーザーの満足するものを作ることが大前提であり、ターゲットは二の次です。

従来、商品開発のセオリーとして、商品のコンセプトはターゲットとセットであるべきものであり、ターゲットイメージは非常に大事にされてきました。その考えは多くの企業に残っているはずです。そのため、コンセプトを社内で承認してもらうために、建前としてのターゲットを設定しておく、という意味合いが強くなります。

「提供価値」は具体的な商品の価値のことです。「ギトギト、ドロドロ、でもめちゃ美味しいスープ」「カスタマイズでかやくを追加できる」というように書きます。**「ビジュアルイメージ」**は、どんな商品か、ひと目でわかるようなイラストです。これについての詳細は後述します。

このように、ワークショップを通じて出てくるさまざまなアイデアを、最終的にコンセプトシートにまとめます。

数の目安としては、各チーム２つ以上です。また、定義設定によっては数が増える場合もあります。例えば「『いまの世の中の技術でできること』と『5年後にできそうなこと』を作る」という定義設定をしたのであれば、それぞれ２つ以上考えたいところです。

実現できるかどうかは後で考える

ワークショップを進める上では、より自由なアイデア発想が必要になります。その**邪魔をするのが、「できるか、できないか」という視点**です。特に企業側の参加者は、「どうやって利益を出すの?」「そんな販売単価では利益なんて出ないよ」などと考えてしまいがちです。第1章でも触れましたが、これは従来の企業では根強く残っている意識です。

コンセプトシートを作ることは、コンセプト創造のゴールではあっても、商品開発としてはまだまだスタート段階です。この後に「プロトタイプ制作」「検証」と続き、修正を繰り返しながら完成を目指します。

一見不可能に見えても、ブラッシュアップしていけば十分実現できるアイデアがあります。それを最初から実現可能性で判断すると、芽吹くはずの種を潰してしまうことにもなります。**まずはコンセプトを創り、実際にできるかどうかは、その後の検証段階で考えればいい**のです。

「できるか、できないか」という観点でもう1つ付け加えると、「自社だけでできるかどうか」といったことがあります。「こんなリソースがあれば叶えられるけれど、自社単体では無理」という問題があれば、**他社との提携や協力の可能性にも目を向けてみましょう。**

これまでの企業はどうしても自社完結で、自分たちで最初から最後まで賄《まかな》おうとしがちでした。しかし近年は企業提携も一般化していますし、フリーランス（個人事業主）として能力を生かしている人もたくさんいます。ネットで情報検索が格段にしやすくなり、そういった提携先を見つけることが昔よりも簡単です。すべてを自社で行う必要はありません。

２００９年に打ち上げに成功した人工衛星「まいど1号」は、モノ作りをする中小企業の町・東大阪のプライドを賭け、町工場の職人たちが一緒になって開発した人工衛星です。一つひとつは小さな会社でも、技術の結集により、ＮＡＳＡやＪＡＸＡでなくてもロケットは打ち上げられることを証明してくれました。

まずは「できるか、できないか」ではなく、取り組みたいことからスタートしていきましょう。

ワークショップのプロセス②「アイスブレイク」

自由な雰囲気がアイデア発想の肝

ゴールを共有したら、**「アイスブレイク」**を行います。日本企業ではミーティングやワークショップにおいて、アイスブレイクが軽視されがちです。「これから真剣に議論しなければいけないのに、なぜそんな遊びが必要なのか」という考えは、まだ残っています。中にはアイスブレイクそのものを知らない人もいます。

アイスブレイクとは、その名の通り、固い空気や緊張感、不安感といったマイナスの雰囲気（氷）を壊すために行うことです。会議やワークショップを始める前に簡単なゲームや自己紹介をして、ぎこちない雰囲気を和ませる狙いがあります。

会議室に集められて、いきなり「さあ、考えましょう」と言われても斬新なアイデアなど出てきません、また、コンセプト創造のワークショップでは、エクストリームユーザーや一般ユーザーなど、普段関わらない人とチームを組むことになります。まったく気心の知れない者同士で議論をスタートしても、杓子定規な話しかできないでしょう。

インサイト・ドリブンのワークショップでは**1時間弱ほどの時間をかけ、しっかりとアイスブレイクを行います**。前述の通り、その最大の目的は自由に発言できる楽しい雰囲気をつくり出すことです。

加えて、「4つの守るべき性質」を意識付けることや、アイデア発想をしやすくする、チームビルディングなどの狙いがありますが、こうした**目的を参加者に伝える必要はありません**。変に目的を意識することでぎこちなくなってしまっては本末転倒です。「本格的なディスカッションに入る前に、まずは簡単な準備運動です」といった感覚で始めましょう。

おすすめのアイスブレイク法

アイスブレイクは時間的な都合やグループの特性などに合わせてさまざまな種類を考えますが、ここでいくつか具体的な例をご紹介します。

まずは、自分のことを自由に話す意識を持ってもらうための、**「自分のあだ名決め」**です。ワークショップでの自分のあだ名を決めて、その理由と合わせてみんなの前で発表します。また、「この1週間に起きた、よかった出来事」などを併せて話してもらう場合もあります。

普段、ビジネスの場で自分の意見を言うことはあっても、自分自身のことやプライベートまで話すことは少ないと思います。その壁を壊すイメージです。

ほかに、チーム全員が1つにまとまってゲームをすることで、チームビルディングを促すアイスブレイクがあります。

鉄板のゲームは**「ペーパータワー」**です。Ａ４用紙30枚を使って、なるべく高いタワーを作ります。ぐしゃぐしゃに丸めても、折ってもいい。しかしテープなどの道具を使うことはできません。時間内にいちばん高いタワーを立てることができたチームが勝ちです。われわれが参加したワークショップでは最高で１メートルの高さのタワーが出来たこともあり、非常に盛り上がります。

「４つの守るべき性質」を実践するためには、多様性を受け入れることが最も大切です。そのためのアイスブレイクには**「紙切り」**があります。「紙を折って、３回ハサミを入れて、次にもう１回折って、２回切ってください」とだけ伝えて、みんなに切ってもらいます。

そうして紙を広げると、ルールは同じなのに、それぞれまったく違う形になります。「同じ指示でもみんな違いますね」と伝えることで、「これが多様性なんだ」と実感してもらうことができます。

脳を活性化して創造性を掻き立てるためのアイスブレイクもあります。

「上下逆模写」では、他人の絵を上下逆にしてひたすら模写することで右脳を刺激し、理論的な発想から感覚的な発想へ転換します。

「人間知恵の輪」では、まずチーム全員で手を繋ぎます。隣の人ではなく1つ離れた人と手を繋ぎ、絡まった状態でスタートです。そこから手を離さず、1つの輪になることを目指します。教育現場でも行われるゲームですが、大人がやっても思った以上に楽しくて盛り上がります。

「レゴシリアスプレイ」といって、レゴブロックを使って人間の奥に潜む意識を表現する方法もあります。

まず、参加者にお題が伝えられます。例えば「幸せ」だったとして、それをレゴで表現していきます。もちろん、どのように表現すればいいのか、すぐにはわかりません。それでもとりあえず手を動かしてもらいます。具体的なモノを作るのではなく、何となく、「形としては四角だな」「色はピンクだな」と決めていきます。

ある程度固まったらみんなの前で発表します。「四角は『家族・仕事・健康・仲間』を示しています。ピンクは暖かい愛情です」と説明すると、周囲から「その4つの順番に意味はあるの？」「オレンジのほうが温かみを感じるのでは？」といった意見が出てきます。もちろん、ここで自分の幸せの定義に気付くことが目的ではなく、心の奥の意識を表現することで、より深い発想ができるようになることが狙いです。

ワークショップのプロセス③「インサイトの設定」

「質より量」でインサイトを書き出す

アイスブレイクの後は、いよいよ本格的なインサイトの設定に入ります。

まずは**訪問観察の結果を振り返ります**。エクストリームユーザーにインタビューをした人にその様子を話してもらい、インタビュー時の動画や画像、インタビュー後のディスカッション内容をまとめた資料などをみんなで確認します。

そうしてチームで「エクストリームユーザーはどんな人なのか」という認識を共有します。時間が少ない場合は、事前に資料を渡してインプットしておいてもらう場合もあります。

2日間のワークショップであれば、この辺りで初日の午前中が終わります。昼休憩もチーム単位で食事をできると効果的です。

次に**具体的なインサイトをリストアップ**していきます。もちろん答えはわかりません。「こんなインサイトがあるんじゃないか」という考えをみんなで出し合っていきます。

ただし、いきなり発言してもらおうとするとハードルが高くなります。インサイトの探索自体が多くのメンバーにとって初めてのことで、どれだけアイスブレイクをしても、やはり最初は心理的ハードルが高くなっています。また、発言提案だけで議論を進めることになると、どうしても発言量に差が出てきます。

そのため、**まずはそれぞれ紙に書き出してもらいます**。例えば「いまから3分間で書き出してください」とお願いして、「このエクストリームユーザーのインサイトとは何か」を1つずつ付箋に書き出してもらいます。

こうすることで、立場や役職に関係なく全員が同じ量の意見を出せるようになります。中には取るに足らないと感じるようなものも出てきますが、それで構いません。

この段階では質より量を意識します。

1人では考えられない深いインサイトを創り出す

各自がインサイトを書き出したら、**チーム内でインサイトを共有**します。Aさんの例では、「軟らかい麺が当たり前」「スープは美味しいけど飲めないジレンマ」「好きなかやくと嫌いなかやくがはっきりしている」などが出てきました。

少なからず似た意見が出てくるので、まずはそれらを分類してまとめます。その上で、どれに納得したか、これはもっと深掘りできそうか、あるいは実は違うインサイトが潜んでいるのではないか、などとディスカッションしていきます。

すると1人が書いたことからほかのメンバーが連想したり、反対意見が出たり、別々のアイデアが結び付いたりと、**どんどんアイデアが広がっていきます**。そうすることで、個人では考えもしなかったような、深いインサイトを創り出すことができます。

補足として、細かいテクニックになりますが、「ブレインライティング」という方法もあります。書いたものをチーム内で回覧して、他人の発想から刺激を受けて新しいアイデアを書くというサイクルを繰り返すものです。この間、一切会話はしません。話し合いが膠着《こうちゃく》した際や、新しい発想が欲しいときなどに試してみるのもいいでしょう。

ワークショップのプロセス④「解決アイデアの具現化」

みんなでアイデアを進化させていく

インサイトが出揃ったら、**「エクストリームユーザーの課題設定」**に入ります。出てきたインサイトから、「このエクストリームユーザーはどんな課題を抱えているのだろうか」と想像します。

Aさんの例で言えば、「普通に作ったのでは麺が硬い」「スープを飲みたいのに飲めない」「自分好みのかやくが欲しいのに、我慢するしかない」といったことです。

ここまでに数多くのインサイトが出ていますが、どのインサイトから課題を考えるかは自由です。ここでも個人ワークとチームワークを繰り返します。個人で付箋に課

解決アイデアを付箋に書き出しディスカッション

題を書き出し、チームで共有して話し合います。

そうして考えた課題を解決するためのアイデアを出し合います。「この課題を解決するための新商品だとしたら、どういうものを作ればいいか」という問いに対して、アイデアを考えていきます。これも付箋に書き出し、みんなでディスカッションします。

どの案を採用するか、**意見の対立は歓迎**です。それぞれの意見に合わせて、別のコンセプトを考えることができます。なるべく幅広く可能性を探っていきましょう。

解決アイデアそれぞれの狙い、ほかの解決策はないか、ほかのインサイトと課題の組み合わせはないかなど、**みんなで話し合った上で、どれを採用するかは最終的に多**

数決で決めます。

この過程を省いてはいけません。まず、話し合いによってアイデアを進化させていくことに意味があります。それに、アイデアが出揃った段階で単純に多数決してしまえば、採用されなかった人のモチベーションが落ちてしまいかねません。複数のアイデアを検討していく中で、どこかで自分の意見が全体の結論に影響を与える。その実感を得ることで、「誰かの意見」ではなく「みんなで考えたアイデア」になるのです。

ビジュアルイメージが大事

解決アイデアを絞り込んだら、コンセプトシートを作成します。

繰り返しになりますが、コンセプトシートの主な項目は「商品・サービス名」「商品・サービスの特徴、ベネフィットの説明」「ターゲットイメージ」「提供価値」。それに「ビジュアルイメージ」を描きます。

この中で**最も重要なのが「ビジュアルイメージ」**です。未知の商品を考えるとき、言葉をいくら並べても具体的に想像できません。視覚を通して理解するほうが確実ですし、スピードも速くなります。またみんなの頭の中にあるイメージを揃えることもできます。

ビジュアルイメージには、手描きのイラストや設計図を描いていきます。メンバーの中に絵の上手な人がいれば、スムーズに進みます。以前われわれのワークショップに社内のデザイナーが参加したケースでは、議論が分かれたり次の段階に進んだりする都度、デザイナーが「こういうことですか？　こっちのイメージですか？」と絵を描いてくれ、非常にスムーズに進みました。といっても、上手な絵を描く必要はありません。**ほかの人が見て、どんな商品なのかがわかれば十分**です。

コンセプトシートができたら、まずはチームごとにイチオシのコンセプトはどれか投票で決定し、チームメンバーのベクトルを揃えます。そうして全チームでコンセプトを発表し、ここからどの案を実際に進めていくのか、投票で決めていきます。

ワークショップで創り上げたコンセプト①

別売りかやくシリーズ

【特徴】
既存のカップ麺をお好きにカスタマイズ!!

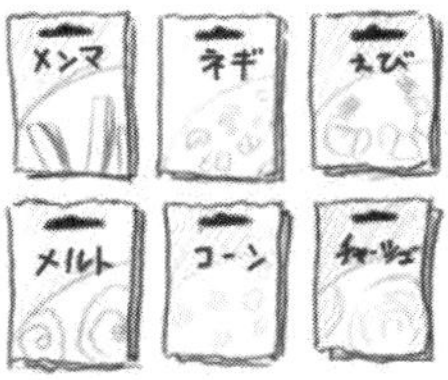

【インサイト(潜在意識)】
定番商品を自分好みにカスタマイズしたい
罪悪感を少しでも減らしたい

【課題】	【提供価値】
カップ麺だけど健康面にも気を付けたい	カスタマイズでかやくを追加できる

【利用シーン】
定番カップ麺が好きだがちょっと味変したいときに

ワークショップで創り上げたコンセプト②

飲んだらアカン！　シリーズ

【特徴】
お母さんに怒られたいあなたに。

【インサイト(潜在意識)】
罪悪感を楽しみたい
不健康だとわかっていても味が濃いものを食べたい

【課題】	【提供価値】
刺激が欲しい(既存のカップ麺は物足りない)	ギトギト・ドロドロでもめちゃ美味しいスープ

【利用シーン】
ガツンとしたものが食べたい疲れたときに

さまざまなインサイトが絡み合う

Aさんから生まれた4つのコンセプト

Aさんの例では、ワークショップの結果、最終的に4つのコンセプトに絞られました。「別売りかやく」「飲んだらアカン！」「透明カップのカップ麺」「軟らか過ぎる麺・ずんだれ」です。

このうち、「透明カップのカップ麺」と「軟らか過ぎる麺・ずんだれ」は、Aさんの**ニーズをそのまま捉えた発想**です。本書ではここまで、深い所にあるインサイトを捉えることを前提にお話ししてきましたが、複数のインサイトが結び付いて、すでにニーズとして表出している場合もあります。差別化に繋がることが条件ですが、目に見えるニーズをそのまま受け取ることも、実際の商品開発では大事な視点です。

Aさんはカップラーメンにお湯を入れた後、時間を計らず、蓋を開けて麺の状態を見て食べ頃を見計らっていました。「透明カップのカップ麺」は、透明なら蓋を開けずに中の様子が見えていいのではないか、というアイデアです。

「軟らか過ぎる麺・ずんだれ」の「ずんだれ」とは、注文時に麺の硬さを選べる博多ラーメンのお店で使われる用語で、コシがなく最も軟らかい麺を指します。これはアンケートのときからわかっていた「軟らかい麺が好き」というAさんの好みをそのまま反映したコンセプトです。

「別売りかやく」も、比較的発想しやすいコンセプトだったと言えます。Aさんがかやくを残していることをそのまま捉えると、かやくのないラーメンになってしまいますが、そこで「なぜ残すのか」を聞いたことで、好き嫌いがあることがわかりました。であれば、「かやくを自分好みにカスタマイズしたい」という課題があるのではないか、ということでこのアイデアが生まれました。訪問観察では「なぜ?」で深掘りしていくことが大事だとご説明しましたが、そうした**小さな疑問が、結果に結び付く**のです。

何通りもの組み合わせが考えられる

「飲んだらアカン！」のコンセプトは、ほかの3つに比べて複雑なアイデア発想から生まれています。

まず、「スープを飲まない」という事実から直接考えると、スープのないラーメンになります。であれば、油そばや焼きそばといった商品がすでに存在しています。

そこで、**「なぜスープを飲まないのか」**に着目しました。

彼の答えは「母に言われているから」でした。私たちは彼の発言の端々に「母が」という言葉が出てくることに気付いていました。彼にとって母の影響がとても大きいのではないかという仮説が立ちます。また、旅行雑誌しか持っていないのに読書が好きだと言っている点から、Aさんは「本音と建前がある人」だと窺《うかが》い知れます。

こうした**仮説や気付きが結び付く**ことで、「お母さんの言い付けを守ってスープを飲まないようにしているけれど、本当は飲みたいのではないか」というアイデアが生まれました。その結果、「スープを飲みたいけれど我慢している」というインサイトを創り上げたわけです。

それを逆手に取ったのが、「飲んだらアカン！」のコンセプトです。「駄目と言われるほど魅力的」と感じる人間の心理から、味が濃く、ギトギト、ドロドロでガツンとした味のスープを表現し、お母さんが叱っているメッセージを考えました。

こうした発想の前提には、**「役に立つかどうかわからないけれど、とにかくたくさんのインサイトを集める」**という行為があります。

結果から見れば、前述したようなインサイトが結び付いたことで「飲んだらアカン！」が生まれたわけですが、その過程ではほかにもたくさんのインサイトを机の上に並べて、何通りもの組み合わせを考えていました。具現化したのは、その中の1つだったのです。たまたまインサイトA・B・Cが組み合わさったからこのコンセプトになったのであり、仮にA・D・Fだったら別のものになっていたはずです。第1章でお話しした、「インサイトは見つけるものではなく、創り出すもの」という意味がわかるのではないでしょうか。

ひらめきは既存の要素の組み合わせ

インサイトから課題を見つける、またその解決アイデアを生み出すためには、ある種の〝ひらめき〟が必要です。われわれのワークショップでも「アイデアって突然ひらめくものでしょうか？」とよく聞かれます。

アイデア発想には難しそうなイメージもありますが、そんなことはありません。確かに、世の中にはゼロから画期的なアイデアを生み出すことができる人もいますが、多くの場合、アイデアは**その人がすでに持っている情報の組み合わせ**から生まれています。

よく「アイデアは情報の足し算や掛け算」と表現されますが、異なる2つの要素を合わせることで、新しいアイデアが生まれることがあります。

足し算のわかりやすい例で言えば消しゴム付き鉛筆、掛け算で言えば以前大きな話題となった、「ガリガリ君」のコーンポタージュ味なども当てはまると思います。一見まったく別の分野のものを掛け合わせることで、新しい価値を生み出します。

あるいは引き算や割り算もあります。ボタンのないｉＰｈｏｎｅやシンプルなサービスで低価格の美容室などもこの発想と言えます。

そのほか、「アイデアを出すための公式」は世の中に溢れています。

しかし本当に大事なのは、その材料となる情報をなるべく多く集めることです。

アメリカの実業家、ジェームス・Ｗ・ヤングが著した『アイデアのつくり方』（日本版：竹内均・解説、今井茂雄・訳、ＣＣＣメディアハウス）という書籍があります。

そこで彼はアイデアの生産の段階として５つを挙げています。

①データ集め
②データの咀嚼《そしやく》
③データの組み合わせ
④ユーレカ（発見した！）の瞬間

⑤アイデアのチェック

これをインサイト・ドリブンになぞらえると、①が訪問観察インタビュー、②がワークショップでのインサイト探索、③と④が課題設定と解決アイデアの発想、⑤が次章でご説明する検証です。

訪問観察で集めたたくさんの情報が、普段インプットしている情報と結び付くことで、新しいアイデアが生まれます。

カップラーメンの開発では、面白い意見が出ました。

「最近ＰＶＣ（ポリ塩化ビニール）素材でスケルトンのファッショングッズが人気らしい。ペットボトルもスケルトンで、ホット飲料にも対応している。ということはお湯を入れるカップ麺の容器も、技術的にスケルトンにできそうだし、それによっておしゃれな見栄えにもなるんじゃないか？」

結果的に透明カップの案は採用されませんでしたが、こうした情報を知る人でなければ出なかったアイデアだと思います。

スティーブ・ジョブズもドットとドットを組み合わせる「コネクティングドット」という思考でアイデアを発想していたといわれます。「ドット」とは過去に得た情報、経験です。

日頃から情報収集をし、世の中にどんなサービスや製品があるのかを広く知る意識を持ちましょう。さまざまな情報をインプットしておけば、そのときは使えなくても、ある日、点と点が繋がってアイデアになります。

そのためには、「あの商品はこんな発想で生まれたんじゃないか」「あのサービスをこう売ったらいいんじゃないか」と考える習慣を持つことが大事です。これは誰でもできることなのではないでしょうか。

最後まで人間中心設計を貫き通す

完全否定された人気投票1位の案

カップラーメン開発の事例では、４つのコンセプトをAさん本人に提案しました。ちなみに、参加メンバーの事前投票では、「軟らか過ぎる麺・ずんだれ」が1位でした。当然自信を持ってAさんに提案したのですが、「これは違う。僕の欲しい商品ではない」と言われてしまいました。その理由については後述します。

一方で、「飲んだらアカン！」は、面白がってくれました。ビジュアルイメージを提示したところ、「スープ好きな人にはピンとくる。スープにこだわっていると感じる」「外仕事で汗をかいた後に食べるイメージ。汗で塩分が失われて、濃い味が欲しいときに食べたい」「〝当たり付き〟だともっと面白い。スープを飲んで、『もう1杯！』だね」といった反応が得られました。また、これも詳しくは後述しますが、「別売りかやく」のコンセプトも好評でした。

ここで大事なのは、**「飲んだらアカン！」の発想が優秀で、「軟らか過ぎる麺・ずんだれ」が劣っているというわけではない**ということです。

先ほどお話しした通り、インサイトは創り出すものであり、そのアウトプットは無限に考えられます。その中でたまたま具現化された4つのコンセプトの中から「飲んだらアカン！」と「別売りかやく」が選ばれたのであり、**インサイトが本人も気付かない意識である以上、この結果は偶然**だと言えます。ほかの2つを選ぶ可能性もあったわけです。さらに言えば、どれも選ばれない可能性も考えられます。

また、「お湯を入れて8分待つ」「軟らかい麺が好き」という事実はアンケートの段階でわかっていました。そしてそのニーズをそのまま捉えたコンセプトも創りました。であれば、わざわざ訪問観察までする必要があるのか、と思われるかもしれません。

しかしそれだけでは、ほかの案は生まれませんでした。

選択肢の数は無限にあり、どれもが正解になり得るし、どれも正解ではないかもしれない。だからこそ、**1人のエクストリームユーザーからなるべくたくさんの情報を引き出し可能性を広げる**。そのことに意味があるのです。

ニーズを正しく因数分解する

Aさんは、なぜ自分のニーズを満たすはずの、「軟らか過ぎる麺・ずんだれ」を否定したのか。Aさんはアンケートのときから「軟らかい麺が好き」と回答していました。**好みのコンセプトだったはずが、却下されたの**のです

まずは、「ずんだれ」という言葉自体が、Aさんにとって「いいね」と感じるものではなかったということがあります。Aさんは以前、公務員として福岡でも勤務をした経験がありました。実は九州の方言で「ずんだれ」には、だらしがない人や服装という意味もあり、Aさんはそれを知っていたのです。

ではネーミングを変えればいいのかと考えましたが、「カップ麺では『ずんだれで

美味しいラーメン』の実現は難しいんじゃないか。製造技術がどうも信じられない」と言われました。この感覚は大事にすべきです。仮に問題なく製造できたとしても、消費者にとって本当に美味しいかどうかは食べるまでわかりません。信じられないものを買う人はいないでしょう。

そして何より、われわれが**インサイトを正しく理解していなかったことが「ずんだれ」失敗の最大の理由**でした。

私たちは、軟らかい麺を好きだというAさんのニーズを見て、ならば軟らかい麺のカップ麺を作ればいいと考えたわけですが、振り返ってみると、ここが安直でした。Aさんは、**単に軟らかい麺ではなく、〝スープを吸った〟麺が好き**だったのです。

Aさんには、「スープを飲みたいけれど我慢している」というインサイトがありました。そこを捉えたことで「飲んだらアカン！」を面白がってくれたわけですが、そのインサイトは、「軟らかい麺が好き」というニーズの構成要素でもありました。つまり、飲みたいけれど飲んではいけないスープを、「飲む」のではなく「スープに吸わせて食べる」ことでインサイトを満たそうとしていたのです。

そもそも、軟らかい麺を好きな人はAさんに限らずたくさんいます。そう考えれば、「軟らかい麺」の発想は斬新なアイデアというほどでもありません。恐らくこれまでに、どこかの企業の担当者が考えたこともあるでしょう。しかし実際には世の中に出ていない。であれば、それほどのニーズがないということです。

表面上に見えるニーズから考えるとき、その下にはこんな潜在的ニーズがあり、さらにその下にこんなインサイトがある、と直線的に考えてしまいがちです。しかし、実際はそれほど単純ではありません。**ニーズを構成する事実やインサイトは無数にあり、その一面がたまたま顕在化しているだけに過ぎない**。それを正しく因数分解しなければいけないのです。

その構図を理解せずにニーズを捉えてしまうと、本来外してはいけないインサイトに気付かず、見当違いの結果を導き出してしまうことになりかねません。

インサイトに立ち返る

Aさんの例では「飲んだらアカン！」のほかに、「別売りかやく」のアイデアも採用されましたが、これも最初は駄目出しをされました。われわれは、ここでもインサイトを正しく分解することの大切さを学びました。

別売りかやくのコンセプトを見たときの彼の言葉に、ヒントは隠されていました。「単なる別売りのかやくであれば、僕は全然欲しくありません。エビで言えば、日清『カップヌードル』のエビだけが好きなんです。そのエビだけ買えるのなら欲しいですが、ほかのかやくなら魅力はありません」

コンセプトシートの段階では、「自分の好きなようにアレンジできる別売りのかやく」というものに留まっていました。エビやコーン、メンマといったかやくを小袋で並べて好きなものを買えるようにする。そこで考えがストップしていました。単純によくあるかやくをラインナップすればいいだろうと考えていたのです。

しかしAさんの好き嫌いは、「エビが好き」「わかめが嫌い」といったレベルを越えていました。エビなら「カップヌードル」のエビ、てんぷらなら「マルちゃん緑のたぬき」のてんぷらというように、〝定番商品に使われているかやく〟でなければいけなかったのです。

ここでわれわれは気付きました。彼には**「嫌いなかやくを毎回残すほど、好き嫌いがある」「定番商品が好き」というインサイトがあった**。それなのに、ワークショップの過程でそのインサイトをスルーしてしまっていたのです。さらに後から考えると、「どんなラーメンに入れてもいいかやく」はすでにスーパーなどで「ラーメンの具」というフリーズドライの状態で売られていました。これでは差別化にもなりません。

こうした気付きを経て、「別売りかやく」は定番のカップ麺のかやくを数種類売る「定番かやくオールスター」というコンセプトへと改善されました。自分たちの考えが浅かったことを反省すると同時に、インサイトを正しく捉えたという手応えを感じることのできる経験でした。

「自分たちが創り出した自信作」にしない

Aさんの例からもわかるように、**「エクストリームユーザーが特殊な使い方をしている。それをアイデアとして採用しよう」と突っ走ってしまうのは危険**です。もう一歩踏み込んで考える必要があります。

ワークショップを通して、アイデアがどんどんと進化していく過程では、特にそのことを忘れてしまいがちです。自分たちが考えたアイデアがすばらしいものに思え、エクストリームユーザーのために、エクストリームユーザーからヒントをもらって創っているはずなのに、いつの間にか「自分たちが創り出した自信作」になってしまうのです。

最後まで「人間中心設計」から外れてはいけません。このことの大切さは、どれだけ言っても言い足りないほどです。エクストリームユーザーのインサイトを満たすものを創る、本人が満足するものを作るという大前提のもと、最後まで考えていきます。

インサイト・ドリブンに限らず、リサーチの現場で企業側が推している自信作がユーザーに否定されるのは、よくあることです。そこでブレてはいけません。「せっかくここまで考えたのに」という意識に引っ張られてはいけない。仮に全メンバーが賛同したとしても、エクストリームユーザーが反対するのであれば、エクストリームユーザーの意見を尊重すべきなのです。

そこで企業側の意見を押し通すのであれば、従来の商品開発と何も変わりません。

何のためにインサイト・ドリブンでここまでの作業を進めてきたのかわからない。まさに本末転倒になってしまうのです。

企業の在り方も変わる

ここまでのコラムでお話しした通り、SDGsは広く世の中の共通概念になるはずです。その変化は、企業ブランディングにも直結します。

まず、売り出す商品やサービスに、SDGsの視点を取り入れることが非常に大切になってきます。環境と社会、経済の3つを調和させる視点を取り入れた商品やサービスは、今後伸びる可能性が高くなります。

2020年7月にスタートしたプラスチック製買物袋(レジ袋)の有料化などにより、日本で生活する人全員にSDGsへの意識が高まりつつあります。レジ袋の有料化は地球規模の課題である海洋プラスチックごみ対策の一環であり、SDGsのゴール⑭の「海の豊かさを守ろう」に対応しています。すでにレジ袋をめぐる法規制実施国は127カ国に上っています。

これからは、レジ袋を無料で配布していたら非難される世の中になるかもしれません。そんな社会でSDGsを無視していれば、ユーザーに選ばれることは難しくなるでしょう。

直接ユーザーの目に見えるかたちではなくても、例えば商品を運ぶトラックの二酸化炭素排出量を削減している企業をユーザーがチェックし、選ぶようにもなっていくはずです。

すでに、経営理念やビジョンといった、会社の在り方が問われる時代になっていきます。そこにＳＤＧｓを組み込むことで、ユーザーに愛される企業になっていきます。それは働く社員にとっても同じです。この商品を作る意味、この事業をする意味、この会社で働く意味が明確でなければ、人材はすぐに離れていってしまいます。

同時に、採用活動にも大きく影響するはずです。ＳＤＧｓへの取り組みが企業の価値を決めるという認識が一般的になれば、それを無視する会社は採用市場で敬遠されるでしょう。

このように、ＳＤＧｓへの取り組みがビジネスを左右する時代になります。しかし一方で、まだまだ日本の、特に中小企業ではＳＤＧｓへの理解が進んでいません。だからこそ、いま始めることで、一歩リードできるチャンスなのです。

第 5 章

修正を繰り返して価値を育てる

——プロセス④「プロトタイプ制作」⑤「検証」

エクストリームユーザーの満足が大前提

否定されることも過程の1つ

インサイト・ドリブンでは「戻ってやり直す」ことを恐れてはいけない、と何度もお伝えしてきました。このことが最も重要になるのが、4番目のプロセスである「プロトタイプ制作」、および5番目の「検証」です。

インサイト・ドリブンによる商品開発で、**結果としてうまくいかない場合、プロトタイプ制作まで辿り着かずに頓挫するケースがほとんど**です。

前段階の「コンセプト創造」は、強い達成感を味わえる過程です。みんなで考えて、みんなで答えを出す。何かを創り上げたという実感があり、1つのゴールだと言えます。それに、ここまではエクストリームユーザーを含めたプロジェクトチーム内で意見の対立があったとしても、そこで生まれたものを誰かに否定されることはありません。みんなの足並みさえ揃えておけば、問題なくクリアすることができるわけです。

しかしここから先へは、関係者の熱意だけでは進めません。実際には上層部の決済を取る必要があります。数々の過程を経て完成したコンセプトやプロトタイプ。担当者は自信満々で社内プレゼンしますが、うまく社内全体のコンセンサスが取れるとは限りません。

インサイト・ドリブンで創り出すアイデアは斬新なものであることが前提です。そうそう簡単には受け入れてもらえない。いろいろな理由を付けて否定されることも少なくありません。その瞬間、担当者は「この商品では無理だな」と、判断してしまうのです。

そもそも、インサイト・ドリブンのプロセスには、ここから先の検証と修正があらかじめ組み込まれています。**誰かから否定されることは過程の1つ**であり、コンセプトがそのまま商品化することはまずありません。プロトタイプを制作し、検証と改善をすることこそがゴールへのステップです。早々にあきらめてはいけません。ここからが新商品開発の本当のスタートなのです。

プロトタイプは簡単なものでいい

プロトタイプとは、検証のために商品のイメージを伝えやすくする、試作品です。「どこがよくてどこが駄目なのか」という具体的な検証のために、〝**誰が見てもどんな商品なのかわかる**〟プロトタイプを作ります。

メーカーは一般的に、実際の商品に近い仕上がりのプロトタイプを作ってからモニター調査を行います。コンセプトの世界感まで表した、ほぼ完成品と呼べるレベルのものです。

インサイト・ドリブンでは、「プロトタイプは簡単なものでいい」と考えます。実際の商品の形ではなく、2次元のビジュアルでも構いません。それをスタートに検証と改善を重ね、要素を1つずつ具現化していきます。

次ページに示すのは、新しいカップ麺開発で2つに絞られたコンセプトのプロトタイプです。視覚だけでも十分にどんな商品なのかは理解してもらえると思います。これは完成形に近いものですが、最初はもっとシンプルなものでも構いません。

検証の第一段階では、ここでもエクストリームユーザーに協力してもらいます。プロトタイプをエクストリームユーザーに見せて検証し、その結果を踏まえて改善する。これを何度も繰り返して、**まずはエクストリームユーザーが100パーセント満足するものを作る。その次の段階として、一般モニターの検証に進みます**。この順番が曖昧《あい》昧《まい》だったり、同時に行ったりすると、ここまで貫いてきた軸がブレてしまいます。

一問一答が大事

エクストリームユーザーによる検証は、1項目ずつ行っていきます。

例えばビジュアルを見せるときに、何を判断してもらうかをはっきりさせておきます。キャッチコピーなのか、色なのか、大きさなのか。その結果を元に改善し、また

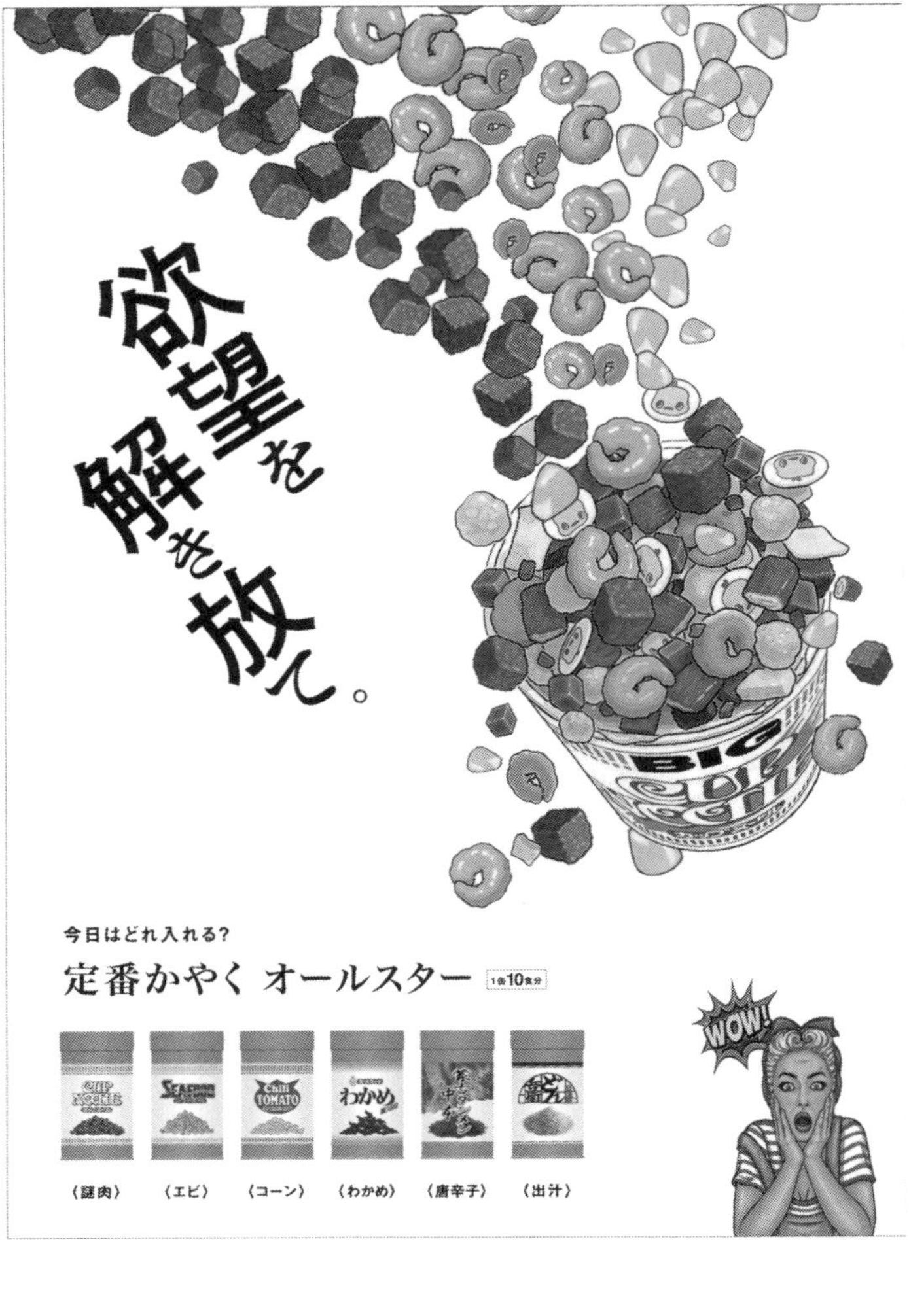
欲望を
解き放て。
BIG
今日はどれ入れる?
定番かやく オールスター
1缶10食分
SEAFOOD
Chili TOMATO
わかめ
〈謎肉〉
〈エビ〉
〈コーン〉
〈わかめ〉
〈唐辛子〉
〈出汁〉
WOW!

今日は、にんにくに
まみれたい――。
おろし
ニンニク
Garlic paste
ガーリック
スライス
Garlic slice
飲んだら
アカン！
シリーズ
青森産にんにく20個使用
飲んだら
アカン！

次の項目を検証します。そうして2次元のビジュアル上でエクストリームユーザーが満足するものになったら、実際の容器の形を作る。そこで大きさや重さを決めていく。外見が決まったら、次は味、量、金額というように進んでいきます。

この通りの順番でなければいけないということではなく、**一問一答が大事**です。漠然と、「これ、どうですか？」とだけ聞いても、適切な改善ポイントはわかりません。人は質問されたら、何らかの答えを出そうと考えます。ぼんやりとした質問であっても、無理やり答えをひねり出す。それが本音かどうかはわかりません。「この色はどうですか？」といった明確な質問であれば、本当の意見を引き出せるわけです。

プロジェクト全体の中で、エクストリームユーザーの検証と改善に最も多くの時間と手間が費やされます。しかし、それを省略していきなりすべてを作り込んで検証するのでは、駄目だったとき、それまでにかけたコストが無駄になってしまいます。

コストが大きければ大きいほど、戻ってやり直すことができなくなります。検証結果がバツと出ているのにもかかわらず、そのまま進めることにもなってしまいかねません。**遠回りのようですが、これがいちばんの近道であり、最も確実なやり方**なのです。

モニター調査で市場規模を測る

「欲しいか、欲しくないか」だけを聞く

エクストリームユーザーによる検証と改善を重ね、エクストリームユーザーが完全に満足するものになって初めて、次の段階に移ります。一般ユーザーのモニターによる、定量的な検証です。

この検証の最大の目的は、どれだけの市場を見込めるかを測ることです。その結果によって、商品を大きく変えるということはありません。なぜなら、エクストリームユーザーの満足するものを創った時点で、「インサイトを満たすもの」という目的は達成されているからです。そこで得た意見によって多少の変更を加えることがあって

も、商品コンセプトそのものを大きく変えることはありません。

検証してくれるユーザーを探すのは、エクストリームユーザー探しと同様に、リサーチ会社に依頼するのがベストです。多くはインターネット上のアンケートであり、プロトタイプは二次元のビジュアルで十分ですし、すぐに回答を得ることができます。**モニターは、エクストリームユーザーに近いと思われる属性の人たち100人から200人**とするパターンが一般的です。商品のファンになってくれそうなユーザーは全体の何パーセントくらいのボリュームなのか、といった規模感を捉えたいからです。また、こうした規模の基準がないと、社内的にも製品化しづらいという理由もあります。

実際に買ってもらえるかどうかを探るため、ここでは細かな質問はしません。単刀直入に「この商品が欲しいかどうか」を聞きます。

一般消費者が買い物をするとき、「私はモダンなデザインが好きだけど、これは流行の色使いだから」「大きさがあと1ミリ小さければしっくりくるのに」といった理由で買わないということはありません。趣味のものなど、強い思い入れがあれば別ですが、**多くの場合、消費者は「買うか、買わないか」をもっと直感的に決めています。**
一般的な買い物と同じ基準で検証することで、市場規模を測るわけです。

何割が「欲しい」と答えればいいのか

ではモニターの**何割が「欲しい」と答えればよしとするのか。これは一概に線引きはできません。**そのことを強調した上で、目安としてお話しします。

まったく**競合の存在しない商品であれば、３割で十分**です。新市場でそれだけのシェアを取ることができれば、十分に売り上げが見込めます。

すでに競合商品がある場合は、その中でシェアの高い商品と比較する設問もアンケートに含めます。そこで**自分たちの商品のほうがいいと言う人が５割以上いるかどうかが、ボーダーライン**です。

何パーセント以上なら発売するのか、あるいは何パーセント以下だったらやり直すのかという基準は、あらかじめ決めておきましょう。ここを曖昧にしてしまうと、プロジェクト全体に迷いが生じてしまいます。

3割、5割がボーダーラインだと聞いて、少ないと思う人もいると思います。ジャンルや商品によって考え方はさまざまですが、**「多いほうがいい」という考え方には、注意が必要**です。

まず、新商品を「欲しくない」と言う人は多かれ少なかれ必ず存在します。100点満点はあり得ません。むしろ目指してはいけません。**全員が「欲しい」と言う時点でどこにでもある商品**です。尖っていたはずの個性が丸くなっているのかもしれません。世の中にあまりない斬新なものほど、人はイメージができず反応が悪くなります。あまりに反応がよいものは、ありふれたものである可能性も高いのです。

数を求めずに個性を大事にした結果、開発者の意図していない広がり方をする場合もあります。「定番かやくオールスター」のモニター調査では、「お茶漬けやパスタのトッピングに使いたい」という意見がとても多く見られました。そこでより多くのシェアを狙うこともできます。しかしそれは、**Aさんのインサイトを満たすことに徹底的にこだわったからこその結果**です。その順番を間違えてはいけません。

ここまでにもお話ししているように、これからの企業の経営モデルは、会社を支える小さな柱をどんどん増やしていくという方向に変化していきます。小さな市場でもしっかりとユーザーがいて、多額ではないけれどもしっかりと利益を残す。そうした商品を数多く生み出すことが大事です。そのためには、**１００人中１００人の「なんとなく欲しい」ではなく、その数は少なくても「絶対に欲しい」と言ってくれるものを目指すほうが確実**なのです。

エクストリームユーザーとモニターの意見が対立したら

モニター調査をする第一の目的は、前述したように市場の反応を見るためです。そしてもう1つが、部分的な改善のためです。

モニター調査の結果、エクストリームユーザーの考えと矛盾することが出てくる場合があります。例えばエクストリームユーザーの「黄色がいい」という意見に沿ってプロトタイプを作ったのに、モニター調査では青のほうが人気、といった場合です。

ここまでの考え方では、当然エクストリームユーザーの意見を優先すべきですが、ここで視点を変えます。多数のモニターから「青がいい」という意見が出てきた場合、ある条件に適っていれば、例外的にモニターの意見を優先します。

それは**「エクストリームユーザーのインサイトを満たす」という商品開発の根幹が変わらない**ことです。

ここまで、「人間中心設計からブレてはいけない」とお話ししてきました。エクストリームユーザーがその商品を欲しがる背景や理由を大事にする。その前提で商品開発を進めてきたのであれば、絶対に外してはいけないところがあります。そのポイントは、ここまでの開発に携わってきた担当者にはわかっているはずです。

「定番かやくオールスター」では「カップヌードル」のエビであること、「飲んだらアカン!」では「体に悪そうな濃い味」などです。これがエクストリームユーザーのインサイトを解決するための根幹です。いくらモニターが「こんなかやくはいらない」「もっとあっさりした味がいい」と言ったとしても、そこを変えてはいけません。

一方でプロトタイプを構成する要素すべてが、インサイトを満たすために必要なわけではありません。「定番かやくオールスター」のケースでは、当初10食分のかやくで1つの商品と考えてプロトタイプを作りました。しかし、モニター調査をしてみると「5食分のほうが買いやすい」といった意見が数多くありました。

結果的に、われわれはモニターの意見を採用して5食分で進めました。これは10食分が5食分になったところで、Aさんのインサイトを満たす上では問題ないだろうと考えたからです。

こうした改善をして再度モニター調査を行い、基準の数字を超えていれば問題ありません。逆にクリアできないようであれば、やり直すことを考えましょう。といってもスタートラインに戻る必要はありません。「共創ワークショップ」でのインサイト探索から考えます。

「訪問観察の段階では完成形を考えないように」とお話ししたことはここにも繋がります。フラットな視点で**材料を豊富に集めておけば、いったん組み上げたものが間違っていたとしても、新しく組み直せる**のです。

クラウドファンディングで最後の検証

より正確な市場規模がわかる

商品開発の最終段階としてお勧めしたいのが、**「クラウドファンディングでの検証」**です。

クラウドファンディングはすでにビジネスの現場にも浸透しているので、知っている人も多いと思います。簡単に説明すると、「インターネットを通してたくさんの人から少しずつ資金を調達するツール」です。そのプラットフォームは数多くありますが、日本の場合、「ＣＡＭＰＦＩＲＥ（キャンプファイヤー）」と「Ｍａｋｕａｋｅ（マクアケ）」が二大巨頭と言えます。

実行したいプロジェクトについて、その意義や主旨、目標などを設定して、インターネット上で出資者を募り、一定期間に目標金額に到達すればその資金を得ることができます。未達の場合、資金を得ることはできません。

支援者にとってのメリットは何種類かに分かれますが、そのプロジェクトによって開発されたサービスや商品をリターンとしてもらえるというパターンが中心です。まだ世に出ていない新商品を、いち早く手に入れることができます。

企業側にとってクラウドファンディングのメリットは、まず資金調達できることにありますが、**インサイト・ドリブンでは、検証ツールとしての意義のほうが大きくなります。**以前は、クラウドファンディングは資金力に乏《とぼ》しい個人やベンチャー企業が、開発資金調達のために使うもの、というイメージがありましたが、いまでは検証ツールとして使用する企業が増えつつあります。

従来の調査では、モニターにコンセプトやプロトタイプを提示し、「買いたいか」「欲しいか」を聞くことでその商品の市場規模を測っていました。ただ、アンケートで「買いたい」と答えた人が、そこで実際にお金を払うわけではありません。順調に商品が発売されたとして、本当に売れるかどうかはわからないわけです。

一方でクラウドファンディングでは、実際のお金を集めます。言い方を変えれば支援者は前金を支払っているわけであり、**よりリアルに近いかたちで「お金を出してでも欲しい」人がどのくらいいるのかについて知ることができます。**

実例としては、「京セラ」と「ライオン」が、音が鳴る子ども向け歯ブラシ「Ｐｏｓｓｉ（ポッシ）」を共同開発し、「ソニー」のクラウドファンディングサイト「Ｆｉｒｓｔ Ｆｌｉｇｈｔ（ファースト・フライト）」で支援を募りました。ほかにも「シャープ」や「富士通」、「キングジム」などの大手企業もクラウドファンディングに挑戦しています。

ちなみに、発売前の商品をクラウドファンディングに出すのが会社のガバナンスとしてどうしても難しい、という相談を受けることもあります。その場合、社名は伏せて、われわれネオマーケティングの名義でクラウドファンディングをすることもできます。

期間・単価・目標金額をどう考えるか

クラウドファンディングを始める際には、まずプロジェクトページを作成します。各社フォーマットがあるので、それに従って文章や画像などの必要な情報を入れていきます。

掲載する情報は基本的にコンセプトシートの通りです。どんなユーザーに向けたものなのか、どんな課題を解決するのか、キービジュアルなどの商品の特徴。それに、リターンする商品の詳細情報などを入力していきます。

そしてどれだけの期間募集するかの期間設定、支援者がひと口いくら払うかの支援単価、総額の目標金額を決めます。これらもケースバイケースですが、考え方としては次の通りです。

われわれのノウハウとして、募集期間については、特に決めていません。他社を含め、**これまでのクラウドファンディングの事例を見ると、だいたい２カ月前後**です。

次に**支援単価は、その商品を実際に売り出すときに想定している単価や競合商品の価格で考えます**。仮に1000円の商品とするなら、10個のリターンで1万円の支援単価といったように考えます。

目標金額にはいろいろな考え方があります。理想論としては、仮に新商品を発売して売れなくても損が出ないように、開発費用や製造費用、流通費用が基準になります。そこまでは望まず、クラウドファンディングでの検証自体にマイナスが出ないように、という程度であれば、最低限、支援者へのリターンにかかるお金を考えます。どれくらいのお金が集まれば、どれくらいのリターンを作ることができるか。商品の原価や送料などの合計です。

加えて、クラウドファンディング企業に支払う手数料を計算に入れてもいいでしょう。CAMPFIREの場合、目標未達なら手数料は不要ですが、目標金額を達成した場合には基本的に総額の12パーセントが手数料となり、さらに別途決済手数料5パーセントがかかります（2020年8月現在）。

ただ、この考え方でも、実際に必要なお金を賄うのは難しいでしょう。**大事なのは、資金を得るということよりも、お金を出してもいいと思う人がどれだけいるかを知る**

ことです。リターンを作るだけで会社が大きく傾くようなら考え直さなければいけませんが、そうでなければあまり厳密に考えないほうがスムーズです。

ファンコミュニティから価値が広がる

ユーザーからのフィードバックを生かす

クラウドファンディングには、資金調達と正確な検証に加えて、「コミュニティづくり」という観点で、大きなメリットがあります。われわれがクラウドファンディングをお勧めするのも、ここに最大の理由があります。

支援者にリターンを送る際、「是非ご意見をください」と案内を添えます。すると支援者たちからはよい点や悪い点、新しいアイデアや想定していなかった使い方など、さまざまなフィードバックがあるはずです。

それを元に改善点を見出し、修正します。メールなどでのやり取りで**関係性を築い**

ていけば、また改善点を聞いて修正する、というサイクルを回すことができます。もちろん、前段階のモニター調査同様、エクストリームユーザーと創り出した根幹がブレるような修正をしてはいけません。

クラウドファンディングを活用した商品開発の成功例が「バタフライボード」です。この商品を簡単に表現すれば、ノート型のホワイトボードです。持ち運びが自由で、ページごとにバラバラにしたり、一枚の大きなパネルに繋げたりすることもできます。その利便性から、大きなヒット商品となりました。いまでは生活雑貨を扱う「ロフト」や文具専門店などでも販売される商品に成長しています。

同社は2015年にクラウドファンディングで270万円ほどを集め、初代バタフライボードを発表しました。それからも改善のためにクラウドファンディングを重ねています。

この躍進にはファンコミュニティが大きく関わっています。ユーザーの声を聞き、商品のサイズなどのバラエティをどんどん増やし、性能を上げて改良し続けているのです。その上で開発資金が集まるのですから、クラウドファンディングはとても便利なツールだと言えます。

企業にとって何より大切なのはユーザーの声

これまで、企業がユーザーからフィードバックを得るまでには、完成品としての新商品を作り、卸や流通を通して売り出す、そうしてアンケートはがきやホームページで意見を募集するという長い過程がありました。

しかし、変化の早い現代では、もっと短いスパンでの検証・改善が必要になってきます。ユーザーの声を聞き、すぐに改善する。そうした体制をつくり上げることが、生き残っていく企業の条件になりつつあります。

そう考えると、企業にとって**生の意見を聞かせてくれるユーザーは、何よりも大切な存在**です。従来のようなメールマガジンを送るやり方に加え、ＬＩＮＥユーザーに向けて情報発信ができる「ＬＩＮＥ公式アカウント」などを活用してコミュニケーションを図る、支援者専用のホームページを作って双方向にやり取りができるウェブ掲示板を設けるなど、各社さまざまな方法でユーザーとの繋がりを構築・維持しようとしています。

当然、やり取りを重ねる中で連絡を取れなくなるユーザーもいますが、ずっと意見をくれる人も出てきます。クラウドファンディングをするたびに、支援してくれる人もいるでしょう。

クラウドファンディングの支援者は、お金を支払ってでも応援してくれる人たちです。忙しい生活の中で時間を取って、自分たちの商品や会社のために意見をくれる人たちです。**関係性を維持していくことによって、何よりも価値あるファンコミュニティができる**のです。

なぜ小さなメーカーのビールがコンビニに並ぶのか

時間をかけてユーザーとの関係性を築いていく中で、その商品や企業のファンであることにアイデンティティを感じてくれる人も現れます。アイドルや歌手のファンと同じように、その商品を好きなことに精神的満足感や優越感を抱くようになるのです。

クラフトビール「よなよなエール」を製造しているヤッホーブルーイングは、極めて上手にファンコミュニティとの関係性を築いている企業です。

よなよなエールの主な購買層は、20代後半から30代前半の女性です。ビールという市場を考えると、メインの顧客層とは言えませんが、香り高い味わいやかわいいデザインでファンを広げています。かつてクラフトビールという市場はマイナーでしたが、近年では流行を生み出しています。これには同社の功績が大きいでしょう。

一般的なビールに比べると、よなよなエールは高価です。ではなぜ彼女たちはそれを買うのか。もちろん味や香りといった品質の高さもありますが、同社のブランディングに大きな理由があると思います。

デザインを見ても、若い女性が飲んでいても恥ずかしくないような、オシャレなものになっています。さらに、この商品が一般化し過ぎていないところにポイントがあります。ファンたちにとって、よなよなエールは、「自分だけが知っているオシャレなビール」なのです。下積みを経て、売れ始めた役者や歌手に対して「私は昔からこの人に目を付けていた」と言う人がいますが、心理的にそれと近いものがあると思います。ほかの人が知らない価値に気付いている自分を、肯定できるわけです。

だからこそ、そのアイデンティティをもっと高めるために、よりよい商品を出してほしいと積極的に企業に協力します。企業側もその価値を理解しているため、ファン層をとても大事にしています。

同社では「超宴」というイベントを開催し、ファンを集めて新商品の意見を聞く場を設けています。その会場で、ファンたちはメーカーの開発者に直接自分の意見を伝えることができます（執筆時点〈2020年8月〉では、新型コロナウイルスの影響からオンラインでのイベントを開催）。

これまで、企業サイドが直接場づくりをしてユーザーとのコミュニケーションを図るということは、あまり見られませんでした。その中で同社は徹底してファンを大事にしています。

ユーザーは企業から大切にされることで、より強固なファンになっていきます。その思いは、一般的なビールファンよりもはるかに強いものです。ビールを飲むときには同社の商品しか選ばないのはもちろん、それを友人にも紹介します。SNSで自分の好きなビールを飲んでいる様子を発信します。

小さいながらも強い思いが、さらに商品のブランドを育て、確実にシェアを広げていきます。そうして気が付けば、小さなメーカーの製造するビールが、〝棚〟の最激戦区とも言える全国のコンビニに並べられるほどにまでなるのです。

ヒットを生み出す唯一の公式

日本のビール業界には「アサヒスーパードライ」や「キリン一番搾り」など、脈々と受け継がれた「固定概念」とも言うべき大ブランドがあります。

これまでにも「もっと苦いビールが好き」、「さらっとしたビールが好き」といったニーズはあったはずですが、潜在化し、表には出ていませんでした。大手の数種類の中で、「自分はこれが好き」といった程度の選択に収まっていたわけです。

その意識に訴えることで顕在化させ、さらにニーズに合わせてしっかりとブランディングしなければ売れない時代になりました。各大手メーカーもクラフトビールを扱ったり、特徴を強く打ち出す広告戦略に転換したりしています。人々の「こだわり」

を引き出し、それを満たす商品開発が求められる時代になったのです。

商品が売れるとき、そこにはまず個人の持つ強いこだわりがあります。そのこだわりを見つけ出して具現化することで、ユーザーも自覚していないインサイトをくすぐります。それはユーザーにとって1つの気付きです。気付きを同じくする人たちが共感し、コミュニティが生まれます。コミュニティに属することで、商品に対する思いはより強くなります。そうした強いベクトルが「なんだかわからないけれど、これを好きかもしれない」と多くの人に伝わります。共感の輪はさらに強力なものになり、広く世の中に伝播《でんぱ》していきます。これがいま、**ヒット商品を生みだす唯一の公式**なのです。

しかし、公式を知っているからといって、再現するのは非常に難しいことです。だからこそ、**追い求め、繰り返し続けることが大事**です。その中心になるのは、たった1人のリアルな人間が持つ、強いこだわりです。それを見つけ、具現化し、広げていく。その方法として有効なのがインサイト・ドリブンなのです。

10年後のインサイト

インサイト・ドリブンとSDGsには、大きな共通点があります。

SDGsの達成には、「バックキャスティング」と呼ばれる思考法が求められると言われています。これは、「いまの能力を前提にせず、必要な能力をベースに考える」「過去の経験を考慮せず、ゼロベースで考える」「未来の不確実性を考慮せずに考える」という視点で、「未来に実現していることを起点に、できない理由でなく、できる理由を考えるため破壊的創造が生まれやすい」「想定外のことが起こっても、その変化に対応できる」という特徴を持っています。

一方のインサイト・ドリブンには、「できるか、できないかで考えない」「過去の成功体験に囚われない」「未来のイノベーションのためのインサイトを創り出す」という考え方があります。特徴としては、「イノベーションを起こしやすい」「果敢にチャレンジし、駄目だったら何度も戻ってやり直す」であり、とても似た概念であることがわかるのではないでしょうか。

またインサイト・ドリブンで扱う「インサイト」の考え方を広げれば、SDGsと強く繋がってきます。

インサイト・ドリブンでは、「いまいる人間」を中心に据えて商品やサービスを創出し、ビジネスを行います。これは「顧客起点」と呼ばれます。対してSDGsは、「社会課題起点」です。現在の社会と将来のあるべき社会のギャップを捉え、そのギャップを埋めていくという、未来からの発想アプローチ（「アウトサイド・イン」）です。言い換えると、「未来の顧客」となる「10年後の人」あるいは「20年後の人」たちに対する新しい商品やサービスを創出し、ビジネスを行うということです。

10年後の人間のインサイトは、誰かがタイムマシンで来てくれない限りわかりません。しかし、断絶された世界ではありません。いまいるユーザーが10年後に何を望むのか。そのヒントは現在から大いに探れるはずです。

インサイト・ドリブンにSDGsの考え方を取り入れることで、未来の視点を身に付けつつ、ユーザーとの共創で「10年後にも続く、イノベーティブなインサイト」を見つけていくことができるのです。10年後の人たちのインサイトを想像しながら、新商品やサービスを考えてほしいと思います。

おわりに

モノ作りの原点との再会

ネオマーケティング　インサイト・ドリブン　ディビジョン　マネージャー
髙倉益実

まず、今回出版の機会を頂いたネオマーケティング代表の橋本さん、取締役の荒池さん、そしてずっと併走してくれている中島さんに感謝致します。いままでたくさんのビジネス系書籍は読んできましたが、まさか自分が書く側になるとは思ってもいませんでした。貴重な体験を通して、改めて世の中の困っている人の支えになりたいという思いと、モノ作りの面白さを認識できました。

思い起こせば私のモノ作りは幼少期からスタートしていました。当時はバブル絶頂期、父親が経営していた大道具会社が家から近く、よく社員寮や工場に出入りしていたことを記憶しています。

何もないスペースに、プロ集団があたかも昔からそこにあるような空間を、あっという間に作っていく。そして役割を終えたら、また何もなかったかのように消えていく。たくさんの人たちがそれぞれの想いをぶつけ、モノ作りをしていました。それは自分のためではなく、自分が創り上げたものを使う人たちのためです。子供心ながらに覚えた興奮は、いまでも私の源泉となっています。

その大きな体験・記憶は日々の忙しさに流されて、いつしか薄くなっていきました。20代の頃は、とにかく社内で1番になることを目標に、やれること・少し頑張ればやれること・人がやりたくないことをこなしました。そうして目標以上に結果を出したとき、体力的に限界を超えていた私には、達成感ではなく寂しさだけが残りました。かつて興奮した「誰かのための仕事」。それを口にしながら、実際には建前でしかなかったことに気付かされたのです。

スポットライトを浴びなくてもいい、誰かの、何かの役に立ちたい、もう一度そこにいる誰かのためのモノ作りに携わりたい。その思いからいろいろな企業のマーケティング支援をするネオマーケティングに転職しました。

初めて「デザイン思考」に触れたとき、心の底から感じた衝動は忘れられません。どこにいるかわからない人ではなく、いまそこにいるたった1人のためにスタートするモノ作り。そこにあるのは、私が幼少期に触れ合った職人たちのプライドでした。

思考を止めること、行動を緩めることでいまをやり過ごすことはできても、未来を回避することはできません。うまくいっていないのは、自分や組織や時代が悪いのではなく、やり方が合っていないだけです。

新商品・サービスでも、既存商品・サービスでも、1人をベースに再構築することで世界は驚くほどに広がります。

目の前にいるたった1人のための商品やサービスに溢れる世の中。本書がその歯車の1つになればこんなに嬉しいことはありません。厚かましくはありますが、この書籍を通してモノ作りに関わる方に少しでも私の想いが届くことを願います。

最後に、このコロナ禍の中での執筆を文句一つ言わずサポートしてくれた、妻の紗衣子と長女・心実、次女・風花にこの場をお借りして感謝を述べます。本当にありがとう。

モノ作りの本質との出会い

ネオマーケティング　インサイト・ドリブン　ディビジョン　デザインリサーチャー
中島孝介

思い返すと、私にとって本書でお伝えしたノウハウの発端は2012年。あるメーカーにリサーチサービスの提案をした際の、先方からの質問でした。

「リサーチは必要に応じて実施しています。これまでもテーマに合わせて多くのリサーチをしてきていますが、御社に依頼すると新しい何かがあるのですか?」

具体的に返答することのできなかった悔しさから、私の専門であるリサーチ＋αの価値づくりが始まりました。

そこで出会ったのが、クリエイターやデザイナーのモノ作りに対する考え方です。

当時の私はマーケティングが最も重要だと考え、モノ作りそのものは自分の役割ではないと線を引いていました。しかし、モノ作りに携わる人たちの考え方を知らなければ、同じ目線には立てない。外部の人間としてマーケティングの正論を言っていても、それだけでは机上の空論になりかねません。このままではググれば誰でも知ることのできる一般論を言うだけで終わってしまうのではと、不安が募りました。

ちょうどその頃、「デザイン思考」という商品開発の手法を知りました。海外のデザインスクールで学んできた人たちが、日本にも普及させようとしていた時期です。リサーチとも通じる部分があり、私でも活用できると考えました。

考えを共にする同僚と休日に集まり、訪問観察やワークショップを試していきました。どんな質問をすればいいのか、どうすれば確度の高いアイデア発想ができるのか、やってみないとわかりません。簡単ではありませんでしたが、面白いアイデアが出たときのワクワクは何物にも代えがたい喜びでした。

経済成長しない時代にイノベーションが必要だと言われ始める中で、動き出す企業も増えていき、私がネオマーケティングに参画してからは、さまざまな企業と訪問観察やワークショップを実施してきました。満足のいく商品コンセプトを創り出せたこともあれば、残念な結果になったこともあります。いまでも毎回、学びがあります。

おわりに

２０２０年、新型コロナウイルスの感染拡大から思うように経済活動ができなくなりました。本書が刊行されるいま、どの業界も待ったなしの状況にあると思います。しかし、じっと待っていても状況は変わりません。「成功するかはやってみないとわからない」の精神でチャレンジすることが重要だと思います。ビジネスの現場で、その場に留まることは衰退を意味します。

そして何より、仲間と新しい何かを生み出すチャレンジはとにかく楽しい。インサイト・ドリブンがこれからの時代に必要な取り組みであることを信じて、これからも積極的に新しい価値を創り出していきたいと思います。

最後になりますが、本を出版することなどまったく考えていなかった私に、「本を出してみたら」とチャレンジの機会をくださったネオマーケティング代表の橋本さん、同じく取締役の荒池さん、共同で執筆をしてくれたインサイト・ドリブンディビジョンマネージャーの髙倉さんに感謝申し上げます。ありがとうございました。

また、この場を借りて家族にも感謝します。仕事ばかりで日常生活に至らない部分が多々ある私を支えてくれて、ありがとう。

【著者紹介】

●髙倉益実（たかくら・ますみ）
株式会社ネオマーケティング
インサイト・ドリブン　ディビジョン　マネージャー
東京都出身。リサーチ歴13年。大手ゼネコンにて地域開発マーケティング部門を経験後にマーケティングリサーチ業界に飛び込む。マーケティングプランナーとして、さまざまな企業に対するマーケティング企画立案に従事しながら、オウンドメディアの立ち上げと同時にマーケティング部を新設し、責任者になる。また、外部マーケティングパートナーとして多くの企業のマーケティングや教育の支援も担当。現在は、インサイト・ドリブンの事業責任者として、さまざまな企業の新商品開発や新規事業開発を支援している。

●中島孝介（なかじま・こうすけ）
株式会社ネオマーケティング
インサイト・ドリブン　ディビジョン　デザインリサーチャー
東京都出身。リサーチ歴20年。事業会社の商品開発やマーケティング施策に繋がる提案型のリサーチを長年経験。2013年からデザイン思考を取り入れたリサーチサービスを積極的に展開し、新しい価値創造に注力。2019年、ネオマーケティングに参画しインサイト・ドリブンのサービス化を実現。現在は主にインサイト・ドリブンによる新商品開発やサービス開発を支援している。

視覚障害その他の理由で活字のままでこの本を利用出来ない人のために、営利を目的とする場合を除き「録音図書」「点字図書」「拡大図書」等の製作をすることを認めます。その際は著作権者、または、出版社までご連絡ください。

インサイト・ドリブン
たった1人の「こだわり」からヒットは生まれる

2020年10月14日　初版発行

著　者　高倉益実・中島孝介
発行者　野村直克
発行所　総合法令出版株式会社
〒103-0001 東京都中央区日本橋小伝馬町15-18
ユニゾ小伝馬町ビル9階
電話　03-5623-5121

印刷・製本　中央精版印刷株式会社

落丁・乱丁本はお取替えいたします。

ISBN 978-4-86280-765-6

総合法令出版ホームページ　http://www.horei.com/